LES BELLES DE NUIT

OU

LES ANGES DE LA FAMILLE

DRAME EN CINQ ACTES ET NEUF TABLEAUX

PAR

M. PAUL FEVAL

REPRÉSENTÉ POUR LA PREMIÈRE FOIS, A PARIS, SUR LE THÉATRE DE LA GAITÉ, LE 30 OCTOBRE 1849.

DISTRIBUTION DE LA PIÈCE :

RENÉ DE PENHOEL	MM. LACRESSONNIÈRE.	HALIGAN	MM. FROMENCE.
BLAISE LE NORMAND	PAULIN MÉNIER.	CHARMETTE	LAGOUSTÉ.
L'ONCLE JEAN	MATIS.	UN PAYSAN	AUBRY.
LE CHEVALIER DE PHARAON	SURVILLE.	MARTHE DE PENHOEL	Mmes FERNAND.
YVONNIC	FRANCISQUE.	DIANE	ROGER-SOLIÉ.
LE MARQUIS DE PONTALÈS	GEORGES.	BLANCHE DE PENHOEL	KLEINE.
LEHIVAIN	CASTEL.	UNE SERVANTE	BONNET.
GÉRAUD	E. PÉPIN.	UNE PAYSANNE	MARIA.

La scène est en Bretagne.

— Tous droits réservés —

ACTE PREMIER

PREMIER TABLEAU

L'AUBERGE DE RÉDON.

Une salle d'auberge donnant sur la campagne. Grande porte au fond; portes latérales.

SCÈNE PREMIÈRE.

PAYSANS, MARCHANDS DE MOUTONS, etc., GÉRAUD, aubergiste.

GÉRAUD. Oui, mes enfants, un Normand qui arrive de Paris vient de me raconter la chose... ah! c'est curieux.

UN PAYSAN. Mais, enfin, comment cela est-il arrivé?

GÉRAUD. Voilà... c'étaient des grands seigneurs qui avaient donné rendez-vous à un agioteur, rue de Venise, au cabaret du *Paon-Couronné*, et lui disant d'apporter deux cent mille francs d'actions de la banque de Law.

LA SERVANTE. Voyez-vous ça?

GÉRAUD. Quand l'agioteur a été dans le cabaret, il y en a un qui a fait le guet sur l'escalier... Ah! celui-là, il a eu le temps de se sauver; il n'a pas été pris, et puis les autres ils l'ont attendu dans la chambre et ils l'ont poignardé... L'homme des actions... a jeté des cris, un garçon du cabaret est entré, et comme il a vu un homme noyé dans son sang, il a fermé la porte à double tour, alors les deux assassins ont sauté par la fenêtre, mais ils ont été pris tout de même. De sorte que M. le comte de Horn, tout comte qu'il était, a été roué, et le Normand l'a vu rouer, lui.

UN PAYSAN. C'est drôle tout de même!... Dites donc, une potée de cidre, si c'est un effet!

UN AUTRE. Une pipée de tabac !
GÉRAUD. A l'instant... (A la servante.) Tu entends !
LA SERVANTE. Voilà, voilà.
YVONNIC. Dites donc, père Géraud ?...
GÉRAUD. Ah ! c'est toi, petit ?
YVONNIC. Avez-vous vu les demoiselles du château ?
GÉRAUD. Mademoiselle Blanche et mademoiselle Diane : est-ce qu'elles doivent venir ?
YVONNIC. Elles doivent passer à cheval.
GÉRAUD. Toutes seules ?
YVONNIC. Non ! non ! conduites par le père Holigan.
GÉRAUD. Je ne les ai pas encore vues.
LE PAYSAN. Et ma pipée de tabac !
UN AUTRE. Et ma potée de cidre !
YVONNIC. Père Géraud !
GÉRAUD. Tu as encore quelque chose à me dire ?
YVONNIC. Ah ! ça ne fait rien, allez... je vous le dirai tout à l'heure. (Géraud s'éloigne.)
UN PAYSAN, à la fenêtre. Eh ! les gars, les moutons du bourg des Bains viennent d'arriver en foire.
TOUS. Au champ de foire, allons au champ de foire ! (Ils sortent.)
LA SERVANTE, revenant avec Géraud. Voilà le vin... voilà le tabac, voilà le cidre.
GÉRAUD. Eh bien, où sont-ils donc tous ?
YVONNIC. Vous les avez trop fait attendre, ils se sont envolés. Ça vous donnera le temps pour m'écouter, père Géraud.
GÉRAUD. Eh bien, parle... tu disais donc...
YVONNIC. Voici, papa Géraud : j'ai rencontré le marquis de Pontalès à la chapelle Saint-Père, il était avec M. Lelivain, vous savez, l'avocat, celui qui ne sort pas de la légalité !
GÉRAUD. Oui, eh bien ?
YVONNIC. Eh bien, je disais donc que je les avais trouvés là tous les deux à la chapelle Saint-Père, attendant quelqu'un de Paris... un chevalier qu'ils appellent... ils ont même dit son nom, je ne me le rappelle plus. Si bien qu'ils seront ici dans un petit quart d'heure, et qu'ils vous prient de leur faire à déjeuner, un bon, si c'est possible.
GÉRAUD. Comment ! si c'est possible.
YVONNIC. Dame ! ils ont dit cela, comme je vous le répète, moi... Adieu, père Géraud.
GÉRAUD. Eh bien, tu n'attends pas les petites demoiselles ?...
YVONNIC. C'est inutile... vous leur direz que je n'ai pas trouvé la personne... elles sauront ce que je veux dire... mais je sais où elle est, et je vais la chercher...
GÉRAUD. C'est bien ! (Yvonnic sort.)

SCÈNE II.

GÉRAUD, BLAISE.

BLAISE. Ohé ! la maison ! (Frappant sur l'épaule de Géraud.) C'est-y pas vous qu'êtes le mouton couronné ?...
GÉRAUD. Moi !... non, le *Mouton-Couronné* c'est mon enseigne !
BLAISE. Vous ou vout' enseigne... c'est tout d'même, vous êtes couronnais itou... Dites donc... je boirais ben une bouteille de queuqu' chose sans m'mâchais et en payant d'à !
GÉRAUD. Eh bien, asseyez-vous là ; Toinette, une bouteille de vin !
TOINETTE. Voilà, voilà votre vin.
GÉRAUD, à Toinette. Surtout qu'on n'oublie pas le déjeuner du marquis.
BLAISE. Eh ! l'mouton couronnais !
GÉRAUD. Eh bien, quoi ?
BLAISE. Venez donc jacassais un peu, hein ?...
GÉRAUD. Ce serait avec plaisir, mais j'ai un déjeuner à préparer.
BLAISE. Un déjeunais !... commandez-le à votre cuisiniais, père Géraud, prenez un verre et buvez un coup avec mè.
GÉRAUD. Mais...
BLAISE. A vout' sautais !
GÉRAUD. A la vôtre.
BLAISE, buvant. Il est jouli... mais dites donc, eh ! le mouton couronnais, est-ce que le soleil y est entrai dans vos bouteilles ?
GÉRAUD. Le soleil dans mes bouteilles ! qu'est-ce qu'il veut dire ?
BLAISE. Eh ! j'voulons dire qu'il a tout séchai ; il n'y a rien dans vout' bouteille, donnez m'en une autre, hein ?...
GÉRAUD. Tenez, en voilà justement une.
BLAISE. J'ai une commission pour vous, mè !
GÉRAUD. Pour moi ?
BLAISE. Qu'oui !... un verre de vin, mon père Géraud !

E' j' suis un' ancienne counnaissance à vous, sans y touchais.
GÉRAUD. En effet... il me semble que votre figure...
BLAISE. Oh ! dâme ! vous ne m'avais point jamais vu... c'est peut-être ça.
GÉRAUD. Eh bien, alors, que dites-vous donc ?
BLAISE. C'est tout d'même... je vous counais, mè... Ah ! l'père Géraud, ancien valet de chambre du vicomte de Penhoël.
GÉRAUD, avec hauteur. Vous vous trompez, mon ami, cuisinier !
BLAISE. Eh ! je suis t'y bête ! je ne connais que ça... Eh ben, il m'a parlé de vous plus de cent millions de fois.
GÉRAUD. Qui donc ?
BLAISE. Eh ben, lui, là-bas en Normandie ?
GÉRAUD. Je ne connais personne en Normandie.
BLAISE. Ah ! nous ne counnaissons personne en Normandie, gros sans cœur !... à sa santais. (Il boit et se grise dans le courant de la scène.)
GÉRAUD. Mais, à la santé de qui ?
BLAISE. Y m'disait pourtant : Blaise, mon ami, si tu vas jamais dans la Bretagne... tu ne manqueras pas de descendre chez le papa Géraud, au *Mouton-Couronnais*... la plus belle auberge de Redon, et tu diras bien des amiquiès de ma part (Il boit) au papa Géraud.
GÉRAUD. Mais qui donc vous a dit cela ?
BLAISE. Qui donc m'a dit cela ?
GÉRAUD. Oui.
BLAISE. Ah ! ben, papa Géraud ! ça n'est pas gentil de perdre comme cela la mémoire de ceux qui vous aiment ben, dà !
GÉRAUD. Je n'y comprends rien !
BLAISE, buvant. Ah ! le pauvre garçon !... il ne serait pas content s'il entendait notre conversation par le trou de la serrure. Ecoutai : Si vous n'avez pas trouvai de qui je parle à la fin de la troisième bouteille... je vous le dirai... et vous morderais les deux pouces jusqu'au coude, papa Géraud, aussi vrai que je vous le dis !
GÉRAUD, se souvenant. Ah ! je suis un gueux ! je suis un gueux !
BLAISE. J'ne dis point non.
GÉRAUD. Gauthier demeure à Domfront.
BLAISE. Eh oui, qu'il y demeure.
GÉRAUD. Mon vieux père Gauthier, qui m'a sauvé la vie un jour que le courant m'emportait au bac de Port-Corbeau !... Ah ! vous êtes un ami de Gauthier, vous ?
BLAISE. Eh oui, que j'en suis un, mè !
GÉRAUD. Touchez là, monsieur Blaise. Peut-on faire quelque chose pour vous ?
BLAISE. Dame ! vous pouvez me donner une troisième bouteille.
GÉRAUD, à la servante qui paraît. Une troisième bouteille... et du bon !
BLAISE. Ah ! il ne m'a point parlais que de vous, le père Gauthier.
GÉRAUD. Et de quoi vous a-t-il parlé ?
BLAISE. Oh ! il m'a dit un tas de choses du manoir de Penhoël.
GÉRAUD. Du manoir de Penhoël ? (La servante apporte du vin.)
BLAISE. Est-ce que ce n'était pas un ami de la maison, le père Gauthier ?
GÉRAUD. Si fait !
BLAISE. Eh ben, il m'a dit de demander des nouvelles de M. l'vicomte Renais de Penhoël... Se porte-t-il ben ?
GÉRAUD. Oui, seulement...
BLAISE. Seulement... quoi ?
GÉRAUD. Seulement je crois que sa fortune ne se porte pas aussi bien que lui.
BLAISE. Ah ! oui-dà !... et puis attendez donc... De qui m'a-t-il dit encore ? de madame Marthe, l'épouse du vicomte Renais.
GÉRAUD. Toujours belle, mais toujours triste.
BLAISE. Et puis des deux petites demoiselles.
GÉRAUD. Vous aller les voir, elles vont passer là tout à l'heure.
BLAISE. Et puis de l'oncle du vicomte... l'oncle en sabots.
GÉRAUD. Ah ! de l'oncle Jean.
BLAISE. Ah ! il a dit en sabots... je ne sais pas s'il s'appelle Jean.
GÉRAUD. L'oncle Jean... brave homme !
BLAISE. Et puis... je ne sais plus qui... c'est étonnant comme ma tête girouette... et puis du passeur du bac... et puis du tremblement... Va te promenais, je ne sais plus ce que je dis ; mais quand je ne peux plus parler, moi, je chante. (Il chante une chanson normande et tombe sur la table.) Ah ! et puis attendez donc... attendez donc... attendez donc...

GÉRAUD. Quoi?
BLAISE. Il y en a encore un de qui il m'a dit de m'infourmais...
GÉRAUD. Lequel?
BLAISE. Ah! du frère aîné... Comment qu'il s'appelait donc? Il s'est ensauvai voilà tantôt... dix ans...
GÉRAUD. Il vous a parlé de M. Louis?
BLAISE. De M. Louis, oui-dà!
GÉRAUD. Et que vous en a-t-il dit?
BLAISE. Rien... qu'il s'était ensauvais, voilà tout... Est-il revenu?
GÉRAUD. Hélas! non!
BLAISE. Ah! ben, faut pas vous tarabuster pour ça, père Géraud... Il n'est pas revenu, il reviendra... (Il chante.)
PONTALÈS, en dehors. L'hôtelier!
GÉRAUD. Oh! c'est la voix de M. le marquis de Pontalès!
PONTALÈS, entrant. Tenez donc, monsieur Lehivain... venez donc; on aura soin de mon cheval et de votre âne... cela regarde les domestiques.

SCÈNE III.

BLAISE, endormi sur la table; PONTALÈS, LEHIVAIN, GÉRAUD.

GÉRAUD. Sans doute, monsieur Lehivain... cela regarde les domestiques.
PONTALÈS. Faites donner l'avoine à mon cheval.
LEHIVAIN. Si vous avez des feuilles de chou, faites-en donner à mon âne.
GÉRAUD. C'est bien, on y va!...
PONTALÈS. Attends... j'avais rendez-vous chez toi avec un de mes amis, qui arrive de Paris ce matin même... Nous avons été au-devant de lui jusqu'à la chapelle Saint-Père. Voyant qu'il n'arrivait pas, nous avons pensé que quelque paysan lui avait indiqué un chemin de traverse, et que nous le trouverions ici... Il n'y est pas?
GÉRAUD. Non, monsieur le marquis... non...
PONTALÈS. S'il vient... tu comprends, c'est lui que nous attendons... un flacon de Bordeaux, des côtelettes, un poulet rôti... ce que tu auras.
GÉRAUD. A vos ordres.
LEHIVAIN. Vous me donnerez, à moi, un pot d'eau, une croûte de pain et du fromage.
PONTALÈS. Non pas... vous déjeunerez avec moi, monsieur Lehivain.
LEHIVAIN. Trop d'honneur, monsieur le marquis. (A Géraud.) Je vous recommande mon âne, et si vous avez un peu de mauvaise paille à ajouter aux feuilles de chou...
PONTALÈS. Donnez-lui de bon foin, maître Géraud, je régale aussi la bête.
LEHIVAIN. C'est bien de l'honneur pour mon âne, monsieur le marquis.
GÉRAUD, regardant Lehivain. En voilà un grippe-monnaie qui me fait du mal. (Il sort.)

SCÈNE IV.

PONTALÈS, LEHIVAIN, BLAISE, toujours endormi.

PONTALÈS. Vous disiez donc, maître Lehivain?
LEHIVAIN, montrant Blaise. Chut!
PONTALÈS. Ah! ah! c'est vrai. (Il va à Blaise.) Dis donc l'ami... Eh! l'ami... es-tu sourd... ou es-tu mort?... L'ami! (Il soulève la tête; Blaise, les yeux avinés, chante le refrain de sa chanson et retombe sur la table.) Bon!... ne vous inquiétez pas de celui-là; monsieur Lehivain... vous disiez donc que René de Penhoël?...
LEHIVAIN. Je disais que René de Penhoël commençait à se défier de moi, et que voilà pourquoi je vous avais donné le conseil... si vous avez parmi vos amis, un homme adroit... un homme sûr... un homme qui sût, tout en restant dans la légalité...
PONTALÈS. Eh! justement... c'était bien là l'affaire de ce drôle de Grandpré... et il faut qu'il n'ait pas reçu ma lettre.

SCÈNE V.

LES MÊMES, LE CHEVALIER.

LE CHEVALIER, entrant. Si fait, marquis, je l'ai reçue.
PONTALÈS. Ah! c'est vous...
LEHIVAIN. Ah! c'est lui.
PONTALÈS. Mordieu! chevalier, je ne comptais plus sur vous.
LE CHEVALIER. Et vous aviez tort!... vous savez qu'on peut toujours compter sur moi... toujours... en tout et pour tout.

LEHIVAIN. Mais en restant dans la légalité, n'est-ce pas?...
LE CHEVALIER. Marquis, qu'est-ce que cet homme?
PONTALÈS. Maître Lehivain, homme d'affaires...
LEHIVAIN. Reçu avocat au Présidial de Rennes, monsieur le marquis.
LE CHEVALIER. Ah! je comprends... monsieur est comme qui dirait votre conseil.
PONTALÈS. C'est cela, mon cher Grandpré!...
LE CHEVALIER, vivement. Marquis...
PONTALÈS. Plaît-il?
LE CHEVALIER, à demi-voix. Ne m'appelez pas Grandpré... sous aucun prétexte; ne prononcez pas ce nom de Grandpré, j'ai le plus grand intérêt...
PONTALÈS. Ah! je comprends... les antécédents.
LE CHEVALIER. Justement, les antécédents.
LEHIVAIN. Si je gêne monsieur le marquis ou monsieur le chevalier?
LE CHEVALIER. Non pas... j'avais un mot à dire au marquis... et je le lui ai dit, voilà tout. Est-ce que par hasard, en parlant tout bas, je serais sorti de la légalité, monsieur l'avocat?
LEHIVAIN. Non, monsieur le chevalier.

SCÈNE VI.

LES MÊMES, GÉRAUD.

GÉRAUD, entrant. Eh bien, voilà votre convive arrivé, monsieur le marquis.
PONTALÈS. Et le déjeuner?
GÉRAUD. Il suit le convive.
PONTALÈS. Dites-moi, papa Géraud... n'avez-vous pas une chambre à nous donner?
GÉRAUD. Eh! monsieur le marquis sait bien que je n'ai que cette salle... mais s'il veut être tranquille, s'il veut être seul, personne n'entrera.
LE CHEVALIER. Et d'abord vous m'accusiez d'être en retard, marquis!
PONTALÈS. Oui.
LE CHEVALIER. Il faut que je me lave de ce reproche. Imaginez-vous que j'ai rencontré sur la route, sur le même cheval, comme au temps de la reine Anne, les deux plus charmantes demoiselles...
GÉRAUD. Ah! ce sont nos petites demoiselles!
LE CHEVALIER. Qu'est-ce que c'est que vos petites demoiselles?
GÉRAUD. Mesdemoiselles Blanche et Diane... Eh! vous les connaissez bien, monsieur Pontalès... mademoiselle Blanche, la fille de M. René, et mademoiselle Diane, sa cousine.
LE CHEVALIER. Eh! mais tenez! les voilà toutes deux. (A Pontalès qui se détourne.) Eh bien, que faites-vous?
PONTALÈS. Il ne faut pas que ces jeunes filles nous voient causer ensemble... il ne faut pas qu'elles sachent que nous nous connaissons.

SCÈNE VII.

LES MÊMES, BLANCHE, DIANE, sur le même cheval conduit par la bride, par Halligan.

BLANCHE. Monsieur Géraud! mon bon monsieur Géraud!
GÉRAUD. Ah! c'est vous, nos demoiselles?
BLANCHE. Oui. Vous n'avez pas vu le petit Yvonnic?
GÉRAUD. Si fait, mademoiselle... et même il m'a dit de vous dire qu'il n'avait pas trouvé la personne en question; mais qu'il savait où la trouver, et qu'il vous rendrait réponse au manoir...
BLANCHE. Merci, mon bon monsieur Géraud.
LE CHEVALIER. Mes charmantes demoiselles, vous n'avez pas besoin d'une escorte... ou d'un guide?
DIANE. Merci, monsieur... nous avons pour guide Halligan... et pour escorte, l'amitié de tout le pays... En route, Blanche, on nous attend. (Halligan et les jeunes filles disparaissent).
LE CHEVALIER. Eh bien, ce sont deux adorables personnes, et voilà ce qu'on trouve au fond de la Bretagne... Mordieu... vous avez bien fait de m'écrire, marquis!
PONTALÈS. Vraiment?

LE CHEVALIER. Oui... mais pourquoi est-il important que ces jeunes filles ne nous voient pas ensemble ?... pourquoi est-il indispensable que nous paraissions ne pas nous connaître ?

PONTALÈS, à table. Parce que c'est justement dans la famille de ces deux enfants qu'il faut vous introduire... ces jeunes filles, ce sont des Penhoël.

LE CHEVALIER. Ah ! les Penhoël et les Pontalès... vous m'avez dit deux mots de cela dans votre lettre... des ennemis mortels, n'est-ce pas ? quelque chose comme les Capulet et les Montaigu ?

PONTALÈS. Oui... c'est cela... et pour que la ressemblance soit plus parfaite... le fils de Pontalès Montaigu... aime... la fille de Penhoël Capulet... Roger aime Blanche...

LE CHEVALIER. Ah ! votre fils...

PONTALÈS. Mon fils m'aide dans mes projets sans s'en douter ; ce que demandait la petite Blanche, c'est probablement une lettre de Roger.

LE CHEVALIER. Ah !... le drôle... il ne s'est pas chargé, à ce qu'il paraît, de la partie la plus désagréable de la besogne... Ai-je quelque chose de pareil à faire ?

PONTALÈS. Je ne dis pas non... vous verrez là, chevalier, une certaine jeune femme de vingt-huit à trente ans... nommée Marthe, je vous la recommande.

LE CHEVALIER. On fera ce qu'on pourra, marquis. (On voit au fond l'oncle Jean qui s'arrête et cause avec la servante.)

SCÈNE VIII.

Les Mêmes, JEAN, puis GÉRAUD.

JEAN, à la servante. Géraud est-il là ?

LA SERVANTE. Oui, monsieur. (Appelant.) Notre maître ! notre maître !

GÉRAUD, arrivant. Voilà ! voilà ! Tiens, monsieur Jean !

JEAN. Bonjour, mon vieil ami !

PONTALÈS, au chevalier. Silence ! c'est l'oncle du René de Penhoël.

LE CHEVALIER. C'est lui qu'on nomme l'oncle en sabots.

JEAN, à Géraud. Je suis content de te voir... Dites-moi, avez-vous vu passer Diane et Blanche ?

GÉRAUD. Oui, monsieur Jean, elles se rendaient au château.

JEAN. Bon ! je vais les rejoindre.

GÉRAUD. Oh ! mais elles ont bien de l'avance sur vous... un petit quart d'heure au moins.

JEAN. Oh ! je les rejoindrai au château ! Les jambes sont un peu vieilles, mais elles sont bonnes, ça va, ça va encore ; adieu, Géraud, adieu, mon ami. (Il sort.)

LE CHEVALIER. Ah ! c'est l'oncle en sabots !... eh ! mais voilà encore une connaissance faite... Ah ! çà, maintenant, contez-moi vos instructions... nous disons donc que vous êtes ennemi mortel des Penhoël et que vous m'appelez à l'aide de votre haine... Eh bien, voyons, que faut-il que je fasse contre vos ennemis ?

LE MARQUIS. Il faut... il faut les ruiner d'abord...

LE CHEVALIER. Oh ! oh ! ils sont donc immensément riches, les Penhoël ?

LEHIVAIN. Riches, riches ! ils l'étaient il y a six ans... je sais cela...

LE CHEVALIER. Et à cette époque les Pontalès étaient pauvres... je sais cela...

PONTALÈS. Oui, mais dans trois mois, grâce à vous, chevalier, il faut que ce soient les Penhoël qui soient pauvres...

LE CHEVALIER. Et les Pontalès riches, je commence à comprendre.

LEHIVAIN. Oh ! les Pontalès le sont déjà, et cela sans être sortis de la légalité... attendu que c'est moi qui, jusqu'à présent, ai conduit leurs affaires... Ainsi M. le marquis est déjà propriétaire de la moitié des biens de Penhoël, M. le marquis a le grand château, M. le marquis a la forêt Neuve, M. le marquis a le domaine des Houssayes, les landes de Quintaine, les clos de Prenouilles... le taillis du Landais... l'étang de la Vère... les fermes...

PONTALÈS. Oui, mais il m'a fallu dix ans pour acquérir tout cela... et, à peine suis-je à moitié... et les Penhoël possèdent encore plus de trente mille livres de rente.

LE CHEVALIER. Eh bien, que puis-je faire contre les trente mille livres de rente ?

LEHIVAIN. Penhoël est joueur.

LE CHEVALIER. Ah ! oh !

PONTALÈS. Je vous ai vu manier les cartes d'une façon distinguée, mon cher chevalier.

LE CHEVALIER. Vous voulez que je lui gagne les trente mille livres de rente ?

PONTALÈS. Je veux que vous m'aidiez à le ruiner au jeu, en fêtes, en spéculations... véreuses...

LE CHEVALIER. Et tout l'argent que je lui gagnerai ?

PONTALÈS. Sera pour vous, pardieu !

LEHIVAIN. Mais pour vous payer, il sera obligé de vendre... et, chaque fois qu'il vendra, lui, M. le marquis achètera.

LE CHEVALIER. Fort bien !... ah çà, mais c'est une charmante mission dont vous me chargez là, mon cher marquis !... Et quand il sera ruiné, dépouillé... le René de Penhoël, que ferons-nous ?

PONTALÈS. Cela me regarde, chevalier.

LE CHEVALIER. Vous lui en voulez donc terriblement à ce pauvre René ?

PONTALÈS. Si je lui en veux ?... oh ! oui, oui ! ne vous ai-je pas dit que nous sommes ennemis mortels ?

LE CHEVALIER. Bien, bien, à votre aise... seulement, il me faudrait un prétexte pour m'introduire dans la maison.

LEHIVAIN. Un prétexte !... il y en aurait un bien vite si l'on pouvait pénétrer certain secret...

LE CHEVALIER. Levez-moi un coin du rideau comme cela... et je tâcherai de lever le reste.

PONTALÈS. Il y avait un frère aîné, un nommé Louis de Penhoël.

LE CHEVALIER. Eh bien, qu'est-il devenu ?

PONTALÈS. On n'en sait rien... il a disparu depuis dix ans.

LEHIVAIN. Tout ce que l'on suppose, c'est qu'il y a eu quelque chose de terrible entre les deux frères.

LE CHEVALIER. Comment était-il bâti ce frère ?... que j'aie l'air de l'avoir connu si l'on m'interroge à son endroit.

PONTALÈS. C'était un garçon bien pris, brun... avec des yeux noirs... de belles dents, adroit à toutes choses... qui peut, s'il vit encore, avoir maintenant trente-cinq à trente-six ans.

LE CHEVALIER. Eh bien, mais avec cela... et un peu d'imagination, on fait une histoire...

PONTALÈS, se levant. Alors vous vous trouvez suffisamment renseigné ?

LE CHEVALIER. Tout à fait... seulement, arrêtons les conditions du traité... J'entre chez les Penhoël...

LEHIVAIN. C'est cela !

LE CHEVALIER. Je me fais l'ami de monsieur... et de madame...

PONTALÈS. C'est encore cela.

LE CHEVALIER. Je fais jouer René de Penhoël et je lui gagne le plus d'argent que je puis.

LEHIVAIN. C'est toujours cela.

LE CHEVALIER. Je le pousse aux plaisirs, aux fêtes, aux chasses, à la dépense... je braconne à l'extérieur et à l'intérieur du château.

PONTALÈS. Bravo !

LEHIVAIN. Le tout sans sortir de la légalité.

LE CHEVALIER. Pardieu ! et nous nous nous partageons le Penhoël... à vous les domaines... à moi l'argent et le reste.

LEHIVAIN. Il faudrait maintenant nous séparer le plutôt possible ! (Ils se lèvent.)

LE CHEVALIER. Quand vous voudrez.

LEHIVAIN. Et si René apprend qu'on nous a vus ensemble ?

LE CHEVALIER. C'est le hasard... une rencontre sur la grande route... à l'auberge du *Mouton-Couronné*... mais de connaissance antérieure...

PONTALÈS. Aucune... c'est dit.

LE CHEVALIER. Pas de chevalier de Grandpré, surtout, cher marquis.

PONTALÈS. C'est convenu... vous vous appelez ?...

LE CHEVALIER. Un nom de guerre, pardieu ! le premier venu... Le chevalier Pharaon.

LEHIVAIN. Le chevalier de Pharaon !

PONTALÈS. Soit, c'est un magnifique nom de joueur !

LE CHEVALIER. Et quand nous aurons quelque chose à nous faire dire ?

PONTALÈS. Ah ! peste ! c'est fâcheux que vous n'ayez pas un domestique.

BLAISE, éternuant. A vos souhaits, la société !

LEHIVAIN. Chut !

PONTALÈS. Je crois que nous avons réveillé le drôle.

LEHIVAIN. En tout cas séparons-nous.

PONTALÈS. Et vous, faites votre première visite au château.

LE CHEVALIER. Le plus tôt possible !

PONTALÈS. Bon !... L'hôtelier !...

GÉRAUD. Me voilà, monsieur le marquis.

PONTALÈS, lui jetant une pièce d'or sur la table. Payez-vous ?

GÉRAUD. Eh bien, monsieur le marquis, vous n'attendez pas ?...

PONTALÈS. La première fois que je passerai, vous me rendrez la monnaie.

SCÈNE IX.

BLAISE, GÉRAUD, LE CHEVALIER.

GÉRAUD. Vous ne suivez pas M. le marquis ?

LE CHEVALIER. Non, ma foi !

GÉRAUD. Comme vous dites ça... je vous croyais des amis!
LE CHEVALIER. Nous l'étions... mais nous ne le sommes plus.
GÉRAUD. Bah !...
LE CHEVALIER. Est-ce que vous croyez, dans le pays, qu'un Penhoël peut frayer avec un Pontalès ?
GÉRAUD. Oh! ça, non, mais vous n'êtes pas un Penhoël, vous ?
LE CHEVALIER. Je ne suis pas un Penhoël, mais je suis un ami des Penhoël.
GÉRAUD. Est-ce que vous connaîtriez ?...
LE CHEVALIER. Louis ?
GÉRAUD. Oui, l'aîné.
LE CHEVALIER. Pardieu !... je ne connais que ça... Un garçon bien bâti... brun, de trente-cinq ou trente-six ans, des yeux noirs, des cheveux noirs... un peu pâle.
GÉRAUD. C'est cela !... c'est cela !... Et il vit ?
LE CHEVALIER. Comme vous et moi.
GÉRAUD. Oh! monsieur !... vous allez me dire...
LE CHEVALIER. Mon cher ami, je vais vous dire d'aller préparer ma chambre, si vous en avez une, attendu que je suis éreinté... demain, nous causerons tant que vous voudrez.
GÉRAUD. De chambre... je n'ai que la mienne... Mais vous connaissez M. Louis... elle est à vous... comme toute la maison.
LE CHEVALIER. Et bien, mon cher ami, hâtez-vous de la préparer.
GÉRAUD. Oh! j'y cours, monsieur, j'y cours! (il sort.)

SCÈNE X.

BLAISE, LE CHEVALIER.

LE CHEVALIER. Peste !... il paraît qu'il ne ferait pas bon dans le pays à dire du mal des Penhoël... soit... on en dira du bien... Ma foi, c'est la Providence qui m'envoie cette occasion... un vieux château, au fond de la Bretagne... au diable ! si la police du régent vient me chercher jusque-là !
BLAISE, s'éveillant. Monsieur le chevalais... que-qu'vous en dites à l'heure qu'il est ?
LE CHEVALIER. Tiens tu es réveillé ?
BLAISE. Eh ! oui, je suis réveillais.
LE CHEVALIER. Eh bien, que me veux-tu ?
BLAISE. Est-ce que monsieur le chevalais n'a point dit qu'il avait baisoin d'un doumestiquou ?
LE CHEVALIER. Moi ! j'ai dit cela ?
BLAISE. Oh! monsieur le chevalais l'a dit.
LE CHEVALIER. Eh bien, après ?
BLAISE. C'est que je voudrais bien entrais au service de monsieur le chevalais tout d' même.
LE CHEVALIER. Toi ?
BLAISE. Oui, mé.
LE CHEVALIER. Mais je ne te connais pas.
BLAISE. Ah ! je vous connais, mé... ça revient au même...
LE CHEVALIER. Comment ! tu me connais ?
BLAISE. Eh ! oui !... et s'il n'avait pas été roué... j'aurais eu une fameuse recommandation pour monsieur le chevalais.
LE CHEVALIER. Roué !... et de qui parles-tu ?
BLAISE. Et je parle du pauvre comte de Horn, donc !
LE CHEVALIER. Tu connais le comte de Horn ?
BLAISE. Oui, sti-là qui a été exécutais pour avoir assassinais un agioteu.
LE CHEVALIER. Tu sais donc ce que c'est qu'un agioteur ?
BLAISE. Un agioteu, c'est un vouleur qui voule avec autorisation du gouvernement : il y a comme ça des vouleu, il est défendu de leur rien faire à ceux-là.
LE CHEVALIER, à part. Oh! qu'est-ce que ce drôle !
BLAISE. Et que je connaissais aussi le chevalier de Grandpré.
LE CHEVALIER. Que dit-il ?
BLAISE. C'était un de vos amis, que je crois, et de vos bons ; mais il s'a sauvais.
LE CHEVALIER. Il s'est sauvé !...
BLAISE. Oui... lui, pas si bête... il était resté sur l'escalais, tandis qu'ils faisaient l'affaire dans le cabinet... de sorte qu'au premier cri... il s'est sauvais... oui !
LE CHEVALIER, à part. Voilà un gaillard dangereux, (Haut.) Et si tu entrais à mon service, je pourrais compter sur toi ?
BLAISE. Oh! dame!... à la vie, à la mort !... pourvu qu'il y ait de bons gages.
LE CHEVALIER. Nous n'aurons pas de discussion là-dessus.
BLAISE. Ah! tant mieux !... j'aime pas les discussions, mé... sans compter que la famille Penhoël où vous alliez... je la connais, mé.
LE CHEVALIER. Tu la connais ?
BLAISE. Oui... je connais M. Renais,... je connais mam'me Marthe... je connais l'oncle Jean... je connais le frère Louis..
LE CHEVALIER. Mais tu connais donc tout le monde ?
BLAISE. C'est vrai... je connais tout le monde, mé.
LE CHEVALIER. Mais si, malgré toutes ces belles connaissances, maître...
BLAISE. Maître Blaise pour vous servir, monsieur le chevaliais.
LE CHEVALIER. Si, malgré toutes ces belles connaissances... je ne vous prenais pas à mon service, maître Blaise.
BLAISE. Oh! que j'en serais fâchai !... et vous aussi.
LE CHEVALIER. Au fait !... il pourrait bien dire vrai... Tu m'as l'air d'un affreux coquin.
BLAISE. Vous croyais, monsieur le chevaliais ?
LE CHEVALIER. Prêt à tout faire pour de l'argent.
BLAISE. Je n'dis point non.
LE CHEVALIER. Et sur lequel on pourrait compter, en l'intéressant dans une entreprise.
BLAISE. Ça se pourrait ben tout d' même.
LE CHEVALIER. Alors, nous couchons ici... et, demain matin, nous allons au château.
BLAISE. Et pourquoi pas ce soir ?
LE CHEVALIER. Ce soir, il est bien tard.
BLAISE. Raison de plus... nous demanderons l'hospitalitais.
LE CHEVALIER. Tu as raison ! ma foi !... puisqu'il faut engager la partie, autant ce soir que demain.

SCÈNE XI.

LES MÊMES, GÉRAUD.

GÉRAUD. Là !... Votre chambre est prête.
BLAISE. Inutile papa Géraud... oh! je couchons pas ici !
GÉRAUD. Mais, où couchez-vous donc ?
BLAISE. Eh ! M. le chevalier, il a si grande envie de porter des nouvelles de M. Louis, que je partons ce soir pour le château.
GÉRAUD. Comment, tu pars aussi ?
BLAISE. Eh ! oui, puisque je suis au service de M. le chevaliais.
LE CHEVALIER. Oui, j'ai engagé ce brave garçon qui se trouvait libre... Et comme il sera content de moi, j'espère que je serai content de lui.
BLAISE. Oh! qu'oui, que nous serons contents l'un de l'autre... Là, voulez-vous venir, monsieur le chevaliais ?
LE CHEVALIER. Combien y a-t-il d'ici au manoir ?
BLAISE. Ah ! voyons, calculons, ça !... Oh ! y a une grande petite lieue.
GÉRAUD. Ce n'est pas la distance qui m'inquiète, c'est l'inondation, ce soir surtout qui viennent.
LE CHEVALIER. Dites donc !... dites donc ! les eaux... y a-t-il du danger ?...
BLAISE. Eh ! non ! le chemin est libre... quand les eaux viennent, il y a des courriais qui descendent du haut pays, et qui sonnent de la trompe... et qui s'en vont criant : l'eau... l'eau... l'eau...
GÉRAUD. Ah ! ça, mais ce normand-là, il connaît la Bretagne comme un Breton.
BLAISE. Eh bien, ils ne sont pas encore venus !... Eh bien, ils n'ont pas encore criais !... il n'y a donc rien à craindre... D'ailleurs, je nage comme un poisson, moi... Est-ce que vous ne savez pas nageais, vous, monsieur le chevaliais ?
LE CHEVALIER. Non, ma foi !... Sais-tu le chemin au moins ?
BLAISE. Si je le sais... bon !... D'ici, nous allons à la chapelle Saint-Père... de la chapelle Saint-Père, nous passons à gauche une petite sente de rien... grande comme ça, qui conduit au bac de Port-Corbeau... puis, le bac passé, il n'y a plus que deux bas jusqu'au château.
LE CHEVALIER. Est-ce cela, papa Géraud ?
GÉRAUD. Le diable m'emporte !... il serait du pays qu'il ne dirait pas mieux ! Ah ! si vous vous perdez avec ce guide-là, monsieur le chevalier, c'est qu'il le voudra bien.
BLAISE. Alors, en route !
LE CHEVALIER. En route !... au revoir, le mouton couronnais. Venais, monsieur le chevaliais... je réponds de tout. (Ils sortent.)
GÉRAUD, seul. Eh bien... il y a une chose que je saiuil, c'est que si on me donnait à choisir entre le diable et ce normand-là... eh bien... je crois que je choisirais le diable.

DEUXIÈME TABLEAU

LE MANOIR

Un salon gothique du manoir de Penhoël.

SCÈNE PREMIÈRE

RENÉ DE PENHOEL, LEHIVAIN, LE PÈRE CHARMETTE, MARTHE DE PENHOEL, BLANCHE, DIANE, L'ONCLE JEAN.

Au lever du rideau, René, l'oncle Jean, Charmette et Lehivain jouent; les femmes forment un groupe de l'autre côté du salon ; Blanche, dort, renversée sur le sein de sa mère; Diane lit dans un gros livre à fermoir d'argent).

DIANE, lisant. « Après le départ de son noble frère, qui s'en allait combattre les païens en Palestine, Robert de Malestroit resta seul dans le manoir. Il y avait bien longtemps qu'il aimait en silence mademoiselle Marguerite de Rieux, la fiancée de l'absent... Une année se passa... Au manoir, on ne recevait point de nouvelles de la terre sainte, où l'aîné des Malestroit combattait pour l'amour de Dieu.

« En l'an de grâce 1588, le jour de la Chandeleur, Robert, cadet de Malestroit, épousa mademoiselle Marguerite... »

PENHOEL, jouant au boston. Je demande six levées. (A Diane.) Voilà huit jours qu'elle dure cette histoire-là, petite fille... passons à une autre.

MARTHE, doucement. Ferme ton livre, Diane, puisque cela déplaît à René. (Diane obéit.)

LEHIVAIN. Sept levées en cœur? Il y a comme ça des histoires qui semblent se moquer des gens.

PENHOEL, tressaillant. Hein? que voulez-vous dire, maître Lehivain?

LEHIVAIN. Rien du tout... Vous soutenez, monsieur Jean de Penhoël?...

JEAN. Moi, je ne suis... oui, je soutiens...

DIANE, regardant Blanche à la dérobée. Comme elle est pâle et comme elle semble souffrir... (elle regarde René) ; et René de Penhoël, sa main tremble en tenant ses cartes.

LEHIVAIN. J'aurais gagné le coup sans l'oncle Jean.

JEAN. Je vous prie de m'excuser, maître Lehivain.

PENHOEL, amèrement. Notre oncle est trop riche pour jouer avec de pauvres gens comme nous.

JEAN, blessé, se levant doucement. Mon neveu, si je suis à charge à l'hospitalité de Penhoël, Diane, la fille de ma sœur, et moi, nous irons mourir ailleurs.

PENHOEL, brusquement, le retenant. Qu'est-ce que cela? t'ai-je offensé, vieil oncle? Tu es le frère de mon père, pardieu! ta fille est ma fille!... touche-la et ne te fâche plus.

MARTHE, à Diane. Oh! il est bon, n'est-ce pas?...

PENHOEL. Vous disiez donc, maître Lehivain, que la foire de Redon était belle?

LEHIVAIN. Très-belle. Pontalès y a acheté six paires de bœufs.

MARTHE, à part. Il va parler de Pontalès, à présent!

LEHIVAIN. A propos de Pontalès, vous savez que le régent l'a nommé chevalier du Saint-Esprit?

PENHOEL. Pontalès, chevalier des ordres du roi!...

LEHIVAIN. Ayant le droit désormais de monter dans les carrosses de Sa Majesté!

PENHOEL. Maître Lehivain, vous êtes l'ami de Pontalès?

LEHIVAIN. No!

PENHOEL. Conseillez-lui, je vous prie, d'ajouter à son écusson un bouchon de buis et un pichet de cidre, en mémoire de son grand-père qui était cabaretier sur la lande... Mais au diable, jouons, et ne parlons plus de ce fils de maraud. (Ils jouent.)

DIANE, allant à Jean. Ce Lehivain ne cherche que le mal!

JEAN. Sois tranquille, je suis là! (Diane retourne à Marthe.)

PENHOEL. Piccolo!

LEHIVAIN. Permettez! grande misère!

PENHOEL. Nous allons voir... attention, Jean, notre oncle... mais à quoi diable pensez-vous donc?...

JEAN. Je songeais...

PENHOEL. Eh bien?

JEAN, avec lenteur. Je songeais qu'aujourd'hui même, 6 septembre, il y a quinze années révolues que votre frère aîné, mon neveu Louis...

PENHOEL. Louis!

JEAN. A franchi le seuil du manoir pour la dernière fois...

(René descend et remonte la scène; mouvement général ; Penhoël se lève ; Marthe tressaille ; Blanche s'éveille.)

BLANCHE. Oh! je l'ai vu, mère, je l'ai vu...

DIANE. Mon Dieu! que va-t-elle dire?

BLANCHE. Tu ne demandes pas de qui je parle? c'est que tu devines, n'est-ce pas?

MARTHE. Non, je ne devine pas, mon enfant... Souffres-tu encore?...

BLANCHE. Tu ne devines pas?... oh! si, mère... tu devines, puisque tu me fais prier pour lui chaque soir. (Penhoël quitte la table.)

LEHIVAIN, à part. Ça devient attachant!

BLANCHE. Je l'ai vu... Ah! tu as raison, ma mère, il est bon et bien beau... Dans mon rêve, il me pressait la main, comme s'il eût voulu venir avec moi vers toi... Comme il avait l'air de nous aimer toutes les deux!

PENHOEL, à part, les deux mains sur sa poitrine. Oh! oui, toutes les deux! (Il remonte.)

JEAN, à voix basse. Ce sont les morts qu'on voit en rêve... il y a quinze ans qu'il est parti. (A Blanche.) Blanche?...

BLANCHE, allant à Jean. Mon oncle!...

JEAN. Enfant, quand tu prononceras désormais le nom de Louis, dans tes prières, que ce soit pour le salut de son âme.

MARTHE, se levant. Oh! (Elle cache son visage dans ses mains.)

PENHOEL, allant à elle et lui secouant le bras. Madame! madame! vous pleurez!... Pourquoi pleurez-vous?

BLANCHE, effrayée, revenant à René. Père! (Elle va près de son père qui l'embrasse, puis elle retourne à sa sœur.)

PENHOEL. Marthe! oh! pardonnez-moi! si vous saviez comme je souffre!... J'ai tort... j'ai tort, je le sais bien... Mais ma raison se perd quand ces pensées-là étreignent et torturent mon pauvre cœur! (A Jean, rudement.) Vous!... que Dieu vous confonde, notre oncle!... Qui donc a le droit d'aimer plus que moi mon frère aîné dans ma propre maison? Je l'aime, entendez-vous? Je l'aime, et c'est à moi que Dieu enverrait des rêves... (A voix basse et avec prière.) Marthe, m'avez-vous pardonné?...

MARTHE. Qu'ai-je à vous pardonner?...

PENHOEL. Ayez pitié de moi!... sais-je pourquoi ces pensées me viennent... Oh! Marthe! Marthe! dites-moi que vous m'aimez!

MARTHE. René, je vous aime!

PENHOEL. Non, non, vous avez beau faire, votre voix dément vos paroles... Hélas! j'essaie de me persuader que je suis fort... mais je me souviens, madame, et je crois que vous vous souvenez mieux encore... (Il descend la scène.) Oh! je voudrais être fou!

BLANCHE, s'avançant vers lui. Père, qu'as-tu donc?

PENHOEL. Ce que j'ai!... (La repoussant.) Cette idée est horrible, elle me tue! (Blanche revient à sa mère qui la presse contre son cœur.) J'essaie en vain de la chasser!... (Serrant sa poitrine.) Elle est là!... (Tous le regardent en silence et avec frayeur; il se retourne tout à coup. Avec une gaieté factice.) Eh bien, qu'avez-vous donc, vous autres?... On dirait un soir d'enterrement, ma parole d'honneur! Ne rit-on plus, morbleu! au bon manoir de Penhoël?...

BLANCHE, se serrant contre sa mère. J'ai peur!

LEHIVAIN. On rira si vous voulez, monsieur... Ah! ah! ah! vous êtes bien gai quand vous voulez... parlons-de...

PENHOEL, retournant à la table. Battez les cartes, notre oncle, et jouons gaiement en attendant le souper. (Jean donne les cartes.)

DIANE, à part. Il arrivera malheur ici, ce soir.

PENHOEL, rejetant ses cartes. Non, je ne veux pas jouer! Allons, petites filles, prenez vos harpes et chantez-nous un bon vieil air breton. (Jean et Blanche vont à leur harpe.)

DIANE. Que voulez-vous entendre, monsieur?

PENHOEL. Un air à boire.

LEHIVAIN. Oui, j'aimerais assez un air à boire.

PENHOEL. Mais, vous n'en savez pas. Chantez ce que vous voudrez.

BLANCHE, passant devant sa mère et allant à sa cousine. Ma chanson !.. la chanson des *Belles de Nuit*, n'est-ce pas, ma cousine.

DIANE, avec tendresse. Est-ce que je t'ai jamais refusé quelque chose? (Prélude.)

DIANE ET BLANCHE, chantant *.

Anges de Dieu, qui souriez dans l'ombre,
 Blanches étoiles, vierges, fleurs,
Vous qui parez des nuits le manteau sombre,
 Anges aimés, pour guérir nos terreurs!

PREMIER COUPLET.

Belle de nuit, fleur de Marie,
 La plus chérie
De celles que l'ange avait mis
 Au paradis!

* On ne chante que les deux premiers couplets.

Le frais parfum de la corolle
Monte et s'envole
Aux pieds du Seigneur, dans le ciel,
Comme un doux miel.

DEUXIÈME COUPLET.

Belle de nuit, pourquoi ce voile ?
Petite étoile,
Que le grand nuage endormi
Cache à demi,
Montre-nous la flamme éternelle
De ta prunelle,
Qui semble au bleu du firmament
Un diamant.

TROISIÈME COUPLET.

Belle de nuit, ombre gentille,
O jeune fille !
Qui ferma tes beaux yeux au jour ?
Est-ce l'amour ?
Dis, reviens-tu sur notre terre
Chercher ta mère,
Ou retrouver le lien si doux
Du rendez-vous ?

QUATRIÈME COUPLET.

C'est bien toi qu'on voit sous les saules :
Blanches épaules,
Seins de vierge, front gracieux,
En blonds cheveux ?
Cette brise, c'est ton haleine,
Pauvre âme en peine ;
Et l'eau qui perle sur les fleurs,
Ce sont les pleurs !

PENHOEL. Merci, mes filles.
BLANCHE. Est-ce bien vrai cela, mère ? quand les jeunes filles meurent avant le mariage... est-ce qu'elles reviennent pleurer sous les saules des marais ?...
MARTHE. Enfant !
BLANCHE. Le vieil Haligan m'a dit encore ce soir, en nous ramenant ici, que souvent il avait vu les Belles de nuit, avec leurs longues robes blanches et leurs cheveux dénoués, qui glissaient en gémissant au bord de l'eau.
MARTHE. En te parlant ainsi, ma fille, Haligan s'est conformé à l'une des traditions de notre Bretagne. Suivant cette tradition, les vapeurs, qui s'élèvent au-dessus des marais, ont un corps et une âme ; ce sont, dit-on, les corps diaphanes et les âmes des pauvres jeunes filles mortes à ton âge, mon enfant, et comme ces vapeurs sont plus abondantes vers le soir, nos paysans ont donné à ces prétendues apparitions le nom de belles de nuit : telle est, ma Blanche, l'explication de cette douce et poétique croyance.
PENHOEL. Ah çà ! notre oncle ; vous voilà plus sombre qu'avant la chanson... à quoi songez-vous donc ?...
JEAN. Je songeais à la première fois que nous entendîmes ce chant... il y a bien longtemps de cela !... Vous souvenez-vous ?... ce fut notre Louis qui nous l'apporta du pays de Vannes.
PENHOEL, avec violence. Encore ! (Il donne un grand coup de poing sur la table.) Par le nom de mon père, on veut me rendre fou ! Louis ! Louis ! toujours Louis ! (On entend un son de trompe.)
BLANCHE. Écoutez !
DIANE. La trompe du courrier !
PENHOEL. Ah ! ah ! il paraît que l'inondation arrive.
UNE VOIX, au lointain. L'eau ! l'eau ! l'eau !...
MARTHE. S'il y avait des malheureux sur le marais !...
LEHIVAIN. Dame ! tous les ans c'est la même chose. (Son de trompe.)
BLANCHE, écoutant. Le courrier passe en bas devant le bac !
LA VOIX, en dehors. L'eau ! l'eau ! l'eau !...

SCÈNE II.

LES MÊMES, YVONNIC, puis HALIGAN.

YVONNIC, entrant en courant. Entendez-vous, la rivière est débordée à vingt pas derrière le courrier du haut pays... l'inondation va plus vite que son cheval au galop... et il y a des malheureux qui demandent le bac.
LES FEMMES. Le bac à cette heure !
LEHIVAIN. Le bac !... ils sont fous !...
MARTHE. Ils sont perdus !... appelle Haligan... il soupait ici, il doit être encore dans la cuisine. (Blanche appelant ainsi que sa sœur à une porte latérale.) Haligan ?... Haligan ?...
HALIGAN. Nos demoiselles ?...

MARTHE. Mon bon Haligan, n'entends-tu pas ?...
PENHOEL. On dit qu'il y a des chrétiens en péril de mort, et qui demandent du secours, alerte ! Haligan, alerte !
HALIGAN. Je ne sais pas si ce sont des chrétiens, mais des hommes du pays auraient reconnu de loin la trompe du courrier. (L'oncle Jean sort.) Ceux-là sont des étrangers, soyez sûr, Penhoël.
PENHOEL. Qu'importe cela !
HALIGAN. Les étrangers, c'est la punition de la pauvre Bretagne.
MARTHE. Il me semble que j'entends crier au secours.
PENHOEL, à Haligan. As-tu la clef du bac sur toi ?
HALIGAN. Oui, mais ! nos pères l'ont dit avant nous : Celui-là qui sauve la vie à un étranger, risque son corps et son âme.
PENHOEL. La clef, te dis-je !... (Il prend la clef.)
MARTHE. René ! mais c'est la mort !...
PENHOEL. Oh ! je voudrais bien mourir, madame ! laissez-moi, laissez-moi. (A Haligan.) Viens, Haligan, viens. (Ils sortent.)

SCÈNE III.

LEHIVAIN, CHARMETTE, DIANE, BLANCHE, YVONNIC, MARTHE.

(Lehivain et Charmette s'approchent d'une fenêtre et regardent à travers les carreaux ; Diane, Blanche et Marthe se groupent dans un coin de l'avant-scène.)

BLANCHE. As-tu écouté, Diane ? il m'a semblé reconnaître, dans cette voix qui criait au secours, la voix de Roger de Pontalès.
DIANE. Folle ! le château de Pontalès est de l'autre côté de la lande.
BLANCHE. Tu crois que ce n'est pas lui ?...
DIANE, non, ma pauvre Blanche. (A Yvonnic.) Il faut que tu ailles ce soir au château de Pontalès.
YVONNIC. Ça se peut bien, pour vous faire plaisir, mam'zelle Diane.
DIANE. Tu demanderas M. Roger de Pontalès.
YVONNIC. Eh bien, mais puisque je l'ai apporté ce soir de ses nouvelles à mademoiselle Blanche ?...
DIANE. N'importe ! tu lui diras que j'ai besoin de lui parler.
YVONNIC, étonné. Vous, mam'zelle Diane !...
DIANE. Oui ! oui, tu lui diras qu'il vienne demain au manoir, dès le matin, avant que personne soit levé.
YVONNIC. Ah !
DIANE. Va vite, et reviens m'apporter sa réponse.
YVONNIC. Oui, mam'zelle Diane. (Il sort en la regardant avec inquiétude et tristesse.)
DIANE, regardant Blanche. Pauvre petite cousine ! demain, je saurai tout ?
MARTHE. Mon Dieu ! ayez pitié de nous, protégez son père !... car il est bien son père !... et pourtant il doute... son regard s'assombrit lorsqu'il tombe sur elle... oh ! c'est affreux !...
LEHIVAIN, à la fenêtre. Ah ! la lune se lève ! il me semble que je vois le bac emporté par le courant !
BLANCHE. Mon pauvre père !
DIANE. On les voit !... on les voit !... pitié, mon Dieu !
MARTHE. Que dis-tu ?
DIANE, reculant. Oh !
MARTHE. Qu'y a-t-il ?
DIANE. Le bac descend au tournant de la Femme-Blanche !
(Marthe et Blanche tombent à genoux.)
MARTHE. Regarde ! regarde !...
DIANE. La lune se voile !
LEHIVAIN. Tenez, regardez, jeune fille !
DIANE, joignant les mains. Ah ! le bac remonte... ils sont sortis du courant. (S'élançant vers Marthe dont elle embrasse les mains.) Sauvés ! sauvés, madame !
MARTHE ET BLANCHE. Sauvés !... Sauvés !...
DIANE. Le bac aborde sous le château, il y a deux étrangers.
LEHIVAIN, à part, regardant. Est-ce que ce serait... Dieu me pardonne, je commence à croire que le bonhomme Haligan est un peu sorcier. (Redescendant la scène.) C'est bon, nous allons rire !

SCÈNE IV.

LES MÊMES, PENHOEL, HALIGAN.

PENHOEL, entrant, et lançant Haligan au milieu de la chambre. Voilà un coquin qui m'a sauvé la vie et qui veut m'empêcher de donner l'hospitalité à deux pauvres étrangers.

LES FEMMES entourant Haligan. Oh! merci, bon Haligan, merci! merci!

HALIGAN. Ce n'est pas moi que vous devez remercier... c'est votre oncle... sans lui, nous étions tous perdus... Quand Penhoël devrait me chasser ou me tuer, je lui dirai que ces gens-là lui prendront la vie de son corps et le salut de son âme!

PENHOËL, gaîment. Vieux fou!

LERIVAIN, à Penhoël. Recevez les félicitations de votre ami le plus sincère et le plus dévoué.

PENHOËL. Bien!

MARTHE. Où sont donc les étrangers?...

PENHOËL. Ils sèchent leurs habits au grand feu de la cuisine.

HALIGAN. De l'or et du velours, comme une femme... Ah! c'est la ruine, c'est le malheur!

PENHOËL. Tais-toi! (Aux valets.) Allons, vous autres, le souper... et qu'on fasse honneur à l'hospitalité de Penhoël.

JEAN, à Marthe. Vous voyez bien que ses sombres pensées se sont évanouies.

MARTHE. Dieu le veuille! (Des domestiques entrent et dressent la table; mise en scène.)

SCÈNE V.

LES MÊMES, LE CHEVALIER, BLAISE.

(Le chevalier paraît à la porte et s'arrête pour saluer sur le seuil.)

LERIVAIN, à part. C'est bien lui!

BLANCHE, à Diane. N'est-ce pas le gentilhomme de la route de Vannes?

DIANE. Oui, je le reconnais.

PENHOËL. Soyez le bien-venu, monsieur.

LE CHEVALIER, entre et salue avec exagération de courtoisie. Mille grâces, mon cher sauveur. (Il baise la main de Marthe.) Ma foi! je sais beaucoup de gré ou plutôt, et je le remercierais presque du danger qu'il m'a fait courir.

HALIGAN, à Jean. Vous, Jean de Penhoël, aimez-vous ceux qui disent hasard au lieu de Providence?

JEAN. Chut, mon pauvre Haligan!

LE CHEVALIER, regardant Haligan. Ah! ah! voilà votre sombre compagnon, mon hôte... Tudieu! s'il n'y avait en que lui...

MARTHE. Haligan est un honnête cœur, monsieur.

LE CHEVALIER. Je ne dis pas non, belle dame! mais s'il n'y avait eu que lui, je serais au fond de l'eau. (Blaise est resté contre la porte; il s'avance timidement vers son maître.)

MARTHE, à Blanche. Pourquoi donc examines-tu l'étranger avec une si grande attention?

BLANCHE. Moi, ma mère? (On apporte la table à cette réplique.)

PENHOËL. A table! à table!

LE CHEVALIER, bas à Blaise. Qu'est-ce que je vais leur dire?... Tu m'as promis.

BLAISE, avec mystère. Si j'étais que de vous, je dirais que j'ai perdu dans l'eau mon portefeuille ousqu' y avait des lettres de M. Louis.

LE CHEVALIER. J'y songeais... Je sais ce que je dois faire, diable!

BLAISE. V'là qu'es bon!

PENHOËL. Asseyez-vous, notre hôte, entre ma femme et ma fille... Ah ça! vous vous plaignez de notre pauvre passeur Haligan; savez-vous que vous pourriez vous plaindre plutôt de ce gaillard-là?

LE CHEVALIER. Blaise?

BLAISE. Et j' mangerais tout d' même ben un morceau d' queuqu' chose avec un verre de n'importe quê.

PENHOËL. Ah! il s'appelle Blaise?... Eh bien, Blaise, qui est, ma foi! un bon nageur...

BLAISE. Qu'oui, que j' nai-je ben!

PENHOËL. Blaise vous laissait très-bien emporter par le courant et filait vers la rive.

BLAISE. Dame!

PENHOËL. Ce n'est pas d'un bon serviteur.

BLAISE, s'avançant. C'est que j' vas vous dire... monsié l' chevaliais, n' a point gaigé pour l'empêcher d' se nèyer... j' suis pour faire l'ouvraige.

LE CHEVALIER. Le pauvre garçon est un peu borné.

BLAISE. Ah dame! oui.

LERIVAIN. Et pas mal Normand.

BLAISE. J' n'aime point vot' figure, vous!... faut point m' taquinaise!

LE CHEVALIER. Blaise!

BLAISE. J' mang'rais ben un p'tit brin d' queuqu' chose!

LE CHEVALIER. Je ne sais comment m'excuser, mon cher hôte, mais ce garçon-là a des qualités... Et tenez, si vous ne trouviez pas ma requête inconvenante, je vous prierais de lui permettre de s'asseoir un peu au bas bout de la table.

BLAISE, avec effusion. Ah dame! v'là qu'est joli d' vot' part, monsieur le chevaliais.

MARTHE, au chevalier. Vous êtes bon, monsieur.

PENHOËL, à Blaise. Allons, asseyez-vous, l'ami.

BLAISE. Ben obligeais!... C' que j' voudrais, c'est un p'tit brin de c' patais-là, et la cruche au cidre.

LE CHEVALIER, tendant la main à Penhoël. Merci, mon hôte... Et maintenant, bien que votre hospitalité soit aussi discrète que généreuse, il faut que je vous explique à qui vous avez affaire. (Mouvement de curiosité.)

PENHOËL. A l'hôte que Dieu lui envoie, Penhoël n'a jamais demandé son nom.

LE CHEVALIER. Je sais mieux que personne ce que vaut Penhoël; mais, comme je le connais, je veux qu'il me connaisse.

PENHOËL, étonné. Vous me connaissez?

BLAISE, buvant. A la santais ed' toute la maisonnée!

LE CHEVALIER. Depuis longtemps, quoique je vous voie aujourd'hui pour la première fois... voyons si je saurais mettre les noms sur ces visages... (Montrant Blanche.) Voici l'ange de Penhoël!...

MARTHE, étonnée. Ah!

LE CHEVALIER. Un surnom charmant, moins charmant que celle qui l'a mérité... Voici bon oncle Jean... l'oncle en sabots, comme on dit... Voici la jeune demoiselle qui est la grâce et la consolation du manoir.

BLAISE. Ed' la moutarde, un brin, si c'est un effet, sauf respect!... (On lui donne de la moutarde.)

LE CHEVALIER. Je parie que vous avez envie de savoir qui je suis, à présent?

PENHOËL. C'est vrai!

LE CHEVALIER. Mon nom ne vous apprendra rien, je m'appelle le chevalier de Pharaon, un vieux nom du Vivarais... mais ce n'est point le hasard qui m'a conduit au bac de Port-Corbeau... Monsieur de Penhoël, je venais chez vous.

PENHOËL ET MARTHE. Ah!

LE CHEVALIER. Dans ce diable d'accident, où, sans votre aide généreuse, mon cher hôte, j'aurais perdu la vie, j'ai laissé tous mes bagages... De ce que mon portefeuille contenait en valeurs, je ne regrette rien... mais il contenait aussi une certaine correspondance qui m'eût permis de payer sur le champ le service que vous m'avez rendu, et cela, je le regrette.

PENHOËL. Monsieur le chevalier, je ne vous comprends pas... Veuillez vous expliquer.

LE CHEVALIER, avec lenteur. Personne ici ne me devine?

BLAISE. Ah! dame, à j' mang'rais ben encore un p'tit brin d' patais!

PENHOËL. Je vous le répète, expliquez-vous.

LE CHEVALIER. Vous n'attendez des nouvelles de personne?

PENHOËL. De personne.

LE CHEVALIER, solennellement. L'aîné des Penhoël est-il donc oublié dans la maison de son père?

TOUS. Louis!... (Mouvement général; Marthe se lève et retombe; Penhoël recule son siège; les jeunes filles quittent la table; Jean s'avance et chancelant vers le chevalier.)

LERIVAIN, à part. Un joli coup... bien touché!

BLAISE. V'là qu'est bon, ô j' n'ai point faim, mê.

JEAN. Où est-il?... où est-il?...

LE CHEVALIER. Il est loin, bien loin d'ici! Il pense toujours à vous... et il m'a chargé, moi, son meilleur ami, de lui rapporter de vos nouvelles.

JEAN. Il y avait dix ans que je n'avais ressenti tant de joie.

DIANE. Et... reviendra-t-il?...

LE CHEVALIER, comme hésitant. Souhaite-t-on qu'il revienne?

PENHOËL. Je ne suis que le cadet de Penhoël, monsieur, et le jour où Louis reviendra, je lui rendrai avec joie la place de notre honoré père.

JEAN. Merci, René, que Dieu te récompense!

BLANCHE, à Diane. S'il ne revient pas, nous irons le chercher, n'est-ce pas, sœur?

DIANE. Chut!

LE CHEVALIER. J'avais des lettres qui sont maintenant au fond de l'eau avec mon pauvre portefeuille... (Regardant Marthe en dessous.) J'en avais plusieurs.

PENHOËL, vivement. Ces lettres étaient pour moi?

LE CHEVALIER. Il y en avait une pour vous.

JEAN. Et pour moi?...

LE CHEVALIER. Pour vous?... une aussi.

PENHOËL, avec anxiété. Et encore?... (Le chevalier hésite un instant et regarde encore Marthe, qui semble défaillir.) Eh bien?...

LE CHEVALIER. Il n'y avait que cela. (Marthe respire.)

PENHOËL. Oh! il n'y avait que cela!... (Il regarde tour à tour

Marthe et le chevalier.) Monsieur le chevalier, avant de vous retirer dans votre appartement, vous plairait-il de m'accorder quelques minutes d'entretien particulier?
MARTHE, à Jean qui s'est approché d'elle. Oh! j'ai peur! j'ai peur!...
LE CHEVALIER, saluant. A vos ordres, mon cher hôte. (Un domestique prend un flambeau.)
LE CHEVALIER, à part. Du diable si j'aime l'idée de ce tête-à-tête!... (A Blaise.) Qu'en dis-tu, hein?
BLAISE. Écoutais!... malgré que vous avais ben plus d'esprit dans votre petit doigt qu' mé dans toute ma personne, je vais vous accompagné.
LE CHEVALIER. C'est cela, prends un flambeau et suis-nous.
PENHOËL. Je vous attends, monsieur.
LE CHEVALIER. Je suis à vous. (Il salue les jeunes filles, puis il va baiser respectueusement les mains de Marthe.)
BLAISE, derrière Marthe. Y avait tout d' même trois lettres...
MARTHE, reculant. Trois lettres!... oh! (Elle tombe dans un fauteuil.)
JEAN, à Blaise. Que voulez-vous dire?
BLAISE. J' sais point! (Il prend un flambeau.)
MARTHE, à Jean. Mon ami, un pressentiment me dit que je suis bien près d'un malheur.
JEAN. Nous le subirons ensemble, si Dieu nous soutient, ma fille!

TROISIÈME TABLEAU

LA CHAMBRE DE BLANCHE.

Lit à rideaux blancs dans le fond. Images de la Vierge; petite bibliothèque; fraîche chambre de jeune fille.

SCÈNE PREMIÈRE.

MARTHE, BLANCHE.

MARTHE, à la cantonade. Ce n'est rien, je vous remercie, Blanche s'est trouvée mal en dansant... il ne lui faut qu'un peu de repos, j'aurai l'honneur de vous donner de ses nouvelles demain. (Allant à Blanche.) Que tu m'as fait peur!... te voir tomber ainsi... pâle et demi-morte au milieu de cette fête... Souffres-tu encore!
BLANCHE. Oui... je souffre!...
MARTHE. Qu'as-tu?... qu'éprouves-tu?...
BLANCHE. Je ne sais pas, mère!...
MARTHE. Ce ne sera rien, n'est-ce pas?...
BLANCHE. Oh! non, ce ne sera rien, j'espère.
MARTHE, à part. Mon Dieu, mon Dieu!!!
BLANCHE. Mais à ton tour qu'as-tu donc, mère?... tu pleures.
MARTHE. Pleurer!... et pourquoi veux-tu que je pleure?... Tu m'as donc donné quelque sujet de tristesse, puisque tu crois que je pleure?...
BLANCHE. Moi?... mais mon bonne mère!...
MARTHE, à part. La voix et le regard d'un enfant!... l'innocence d'un ange!... et cependant... (Haut.) Voyons, ma pauvre Blanche, explique-moi bien ce que j'éprouve aujourd'hui. Tout à coup mon souffle s'anéantit et le cœur me manque... oh! quelquefois j'ai peur, grand peur!...
MARTHE, assise. Te voilà comme autrefois, Blanche, te souviens-tu que tu aimais à t'endormir ainsi tous les soirs?
BLANCHE. Oh! on est si bien auprès de ton cœur!
MARTHE. Avant de t'endormir, tu me disais tout ce que tu avais fait dans ta journée.
BLANCHE. Et je te le dis encore, mère.
MARTHE, souriant. Est-ce bien sûr? les jeunes filles aiment à faire des mystères.
BLANCHE. Oh! pas moi!... moi j'aime à te montrer mon âme, je ne pourrais pas plus te cacher ma conscience qu'à Dieu.
MARTHE. Je te crois, je te crois, mon pauvre ange... est-ce qu'il pourrait en être autrement? ne sais-tu pas combien je t'aime? et pourtant...
BLANCHE. Et pourtant...
MARTHE. Écoute, Blanche... les enfants ne savent pas voir clair au fond de leur propre cœur... je me souviens du temps où j'étais à ton âge...
BLANCHE. Que tu devais être belle... et aimée... Tiens, laisse ton bras là, que j'appuie ma tête... je suis bien fatiguée!...
Blanche s'assoupit par degrés.)

MARTHE. J'étais comme toi, Blanche... moins jolie que toi... et j'avais perdu ma mère... Oh! il me semble que si j'avais eu ma mère auprès de moi, comme tu as la tienne... il me semble que ma vie eût été autrement... Mais que vais-je dire là? je te ferais croire que je suis malheureuse, au contraire... je suis heureuse, et rien ne manquerait à mon bonheur si ma petite Blanche voulait me faire ses confidences, toutes ses confidences!...
BLANCHE. Quelles confidences?... mère!...
MARTHE. Voyons! parmi les jeunes gens de Penhoël, lequel aimes-tu le mieux?...
BLANCHE. Parmi ceux de Penhoël?...
MARTHE. Oui!
BLANCHE. Je ne sais pas!...
MARTHE. Eh bien, tu ne veux pas me dire qui tu aimes le mieux?...
BLANCHE, s'endormant par degrés. Celui que j'aime le mieux n'est pas de Penhoël.
MARTHE. Et d'où est-il celui que tu aimes le mieux?...
BLANCHE, endormie. Il est... Pauvre ami!... Mais tu vas bien te fâcher!
MARTHE, apercevant un billet dans le corset de Blanche. Ah! qu'est-ce que cela?... un billet!... (Sur le point de l'ouvrir.) Tiens, reprends ta lettre... (Elle referme le billet sans le lire.) J'aime mieux devoir à ta confiance la vérité... quelle qu'elle soit!...
BLANCHE. Bonne mère; cette lettre est de Roger!
MARTHE. Roger de Pontalès!... c'est donc lui que tu aimes?...
BLANCHE. Oui, mère... c'est lui!...
MARTHE. Et depuis quand l'aimes-tu, mon Dieu?
BLANCHE. Depuis quand?... mais il me semble que je l'ai toujours aimé!... Te rappelles-tu, une fois, je te priais de te demandais : Pourquoi M. de Pontalès et son fils ne viennent-ils pas ici?... Tu me répondis : Parce que les Pontalès et les Penhoël sont ennemis!... Alors, moi, j'interrogeai mon cœur pour savoir si j'étais l'ennemie de Roger... mon cœur me répondit que non... Le même soir, comme j'allais m'endormir, j'entendis frapper aux carreaux de ma fenêtre!... c'était Roger... Roger avait aussi demandé à son cœur s'il était notre ennemi!... oh! pauvre Roger! lui notre ennemi! mais si tu savais comme il te respecte et comme il t'aime!...
MARTHE. Et Roger venait?...
BLANCHE. Il venait me dire : Puisque Dieu enseigne à ses enfants à s'aimer, aimons-nous,. Blanche... aimons-nous!... Qui sait... un jour peut-être notre amour sera l'arche de réconciliation de nos deux familles!...
MARTHE, à part. Pauvres enfants!... (Haut.) Et depuis tu l'as revu?
BLANCHE. Oh! oui, mère!
MARTHE. Souvent?
BLANCHE. Le plus souvent que j'ai pu.
MARTHE. Et tu ne me le disais pas!...
BLANCHE. C'est bien mal!... mais Roger avait peur, parce qu'il savait bien que si tu m'avais dit : Je ne veux pas... oh! mère! eussé-je dû mourir, jamais je ne l'aurais revu!
MARTHE, l'embrassant. Chère... chère enfant!
BLANCHE, à genoux. Me pardonnes-tu, mère?
MARTHE. Je te pardonnerai si tu redeviens une petite Blanche d'autrefois... si tu ne me caches plus rien.
BLANCHE. Plus rien jamais, ma mère.
MARTHE, s'efforçant de sourire. Voyons, cherche bien dans tes souvenirs...
BLANCHE. Écoute, je vais te dire quelque chose que je n'ai pas encore osé te confier. Pourquoi, je ne sais pas; pourtant je n'ai pas fait de mal. — Eh bien, je n'ai jamais pu me résoudre à te dire cela... et maintenant je tremble malgré moi.
MARTHE. Parle, parle.
BLANCHE. C'était un soir, Roger et moi nous étions seuls tous deux dans le pavillon du jardin... il me semblait que les regards de Roger me brûlaient le cœur! Il ne parlait pas, Roger... il avait l'air de souffrir... Moi, j'étais prise d'une sorte de torpeur, mes yeux se voilaient... j'éprouvais ce qu'on doit éprouver à l'heure de la mort... tout à coup je cessai de voir et d'entendre... je tombai sur le tapis, endormie, ou plutôt morte!...
MARTHE. Et lorsque tu revins à toi?
BLANCHE. Voilà ce qui est inexplicable : lorsque je m'éveillai, Roger n'était plus là.
MARTHE. Sans doute, dès qu'il te vit ainsi pâle et souffrante, il courut pour aller chercher du secours.
BLANCHE. Oh! ce n'est pas cela, car il ne revint pas. Je l'appelai, ce ne fut pas sa voix qui me répondit. Un homme était auprès de moi, dans l'ombre.
MARTHE. Qui... enfant,... qui?...

BLANCHE. M. de Pharaon.
MARTHE, à part, se levant. Oh! mon Dieu!... Mon Dieu! vous donnez des yeux perçants aux pauvres mères... j'avais deviné... Roger est un enfant comme elle... Roger est un noble cœur, tandis que ce chevalier, cet homme qui pour notre malheur s'est installé au manoir! cet homme faux est capable d'une pareille infamie!
BLANCHE. Que dis-tu, mère?
MARTHE. Rien! rien... et Roger depuis ce temps?...
BLANCHE. Depuis ce temps, il me semble... et cela me rend bien triste, va... il me semble que Roger s'éloigne de moi...
MARTHE. Et M. de Pharaon?
BLANCHE. Oh! je ne l'aime pas lui... quand il me regarde, je crois voir sur sa figure un sourire étrange!
MARTHE, à part. Plus de doute!...
BLANCHE. Mère, je t'ai dit tout... oh! je suis bien heureuse de t'avoir dit tout cela... (Elle s'affaisse sur le lit de repos.) Bonsoir, mère, je dors!...
MARTHE. Perdue! perdue! oh! qu'ai-je fait pour être punie jusque dans mon enfant! Mon Dieu! mon Dieu! il y a bien longtemps que je souffre! vous m'avez pris mon bonheur, dès les jours de ma jeunesse! et je n'ai point murmuré! j'ai vu votre main s'appesantir sur nous! et je n'ai point murmuré! mais ma fille... ma fille! contre ce dernier coup je suis trop faible! ayez pitié de moi, mon Dieu! car je suis une pauvre abandonnée...

SCÈNE II.

LES MÊMES, DIANE.

DIANE, qui est entrée depuis un moment et a saisi la main de Marthe. Vous ne pensez donc pas à moi, madame Marthe?
MARTHE. Diane!
DIANE, à genoux. Oh! je serais si heureuse de me dévouer, de mourir pour vous!
MARTHE, froidement. Mourir!... vous dévouer! ce sont des idées étranges que vous avez là, ma fille!...
DIANE. Je vous vois si souvent pleurer... surtout depuis que ce chevalier de Pharaon s'est installé ici!...
MARTHE. Diane, vous m'épiez!... plus d'une fois déjà j'ai cru m'en apercevoir.
DIANE, se levant. Vous épier! moi, ma tante... c'est-à-dire madame! oh! non, j'étais venue ici, avant de me retirer dans ma chambre, pour savoir si ma cousine était guérie et si je pourrais vous être utile à quelque chose... Pauvre petite cousine! ah! la fête a été bien triste après son départ! les gens du pays s'en sont allés le cœur gros!... Ils m'ont chargée de leurs regrets et de leurs amitiés pour vous, voilà pourquoi j'étais venue, madame.
MARTHE. Dis ta tante!...
DIANE, avec élan. Ma bonne tante!... ça n'empêche pas que j'ai mal fait de venir, puisque vous ayiez demandé à rester toute seule avec Blanche et que vous n'avez voulu ni des soins de mon oncle, ni de ceux de mon bon père Jean, vous l'aimez pourtant bien... lui!...
MARTHE. Oui, Diane, oui, je l'aime... mais j'avais besoin d'être seule avec Blanche.
DIANE. Hélas!...
MARTHE. Que veux-tu dire?
DIANE. Rien!...
MARTHE. Tu me trompes! tu sais... tu as appris; tu as deviné!
DIANE. Quoi, madame?
MARTHE, à part. Qu'allais-je faire?
DIANE. Vous demandez si je sais quelque chose sur Blanche... Que puis-je savoir, sinon ce qui se disait ce soir encore parmi nos bons amis des environs?
MARTHE. Enfin que disait-on?
DIANE. Que mon oncle ne peut rien refuser au chevalier Pharaon et que le chevalier veut que Blanche soit sa femme... D'autres disent encore, mais ceux-là sont des menteurs et des méchants... ceux-là disent que le chevalier s'est arrangé pour que vous, ma tante, vous fussiez aussi dans l'obligation de mettre dans sa main la main de ma cousine Blanche!...
MARTHE. Calomnie! (A part.) C'est donc bien lui!
DIANE. Oh! tout ce qui se passe ici est bien extraordinaire!
MARTHE. Qu'y a-t-il encore?
DIANE. Il y a, ma tante, que, ce soir pendant la fête, j'ai surpris bien des choses étranges... et tenez, il n'y a qu'un instant, au moment où tout le monde s'en allait, j'ai entendu une conversation animée près des tilleuls, je me suis approchée... et j'ai reconnu la voix de mon père!...
MARTHE. De l'oncle Jean?...

DIANE. Oui... Il paraissait gronder bien fort!
MARTHE. A qui parlait-il?...
DIANE. Au chevalier... quand ils m'ont aperçue, ils ont fait silence; mais j'avais entendu ses dernières paroles.
MARTHE. Et ces paroles?...
DIANE. Un rendez-vous qu'il donnait au chevalier pour cette nuit sous la tour du Cadet. J'ai entendu M. de Pontalès devait y être aussi, et c'est surtout ce qui m'a fait trembler.
MARTHE. C'est bien étrange, en effet... va prévenir ton père de venir ici!... Non, attends... oui, cela vaudra mieux ainsi..., et mon mari que fait-il en ce moment... le sais-tu?
DIANE. Faut-il vous le dire?... enfin il est allé jouer aux cartes avec le chevalier, suivant son habitude!...
MARTHE. Oui, et avec le jeu l'ivresse, et après l'ivresse un sommeil semblable à la mort!... (A Diane.) Oh! Diane, chère enfant!... viens, mets-toi à genoux là, près de moi... et prie, prie du fond du cœur, ma fille, et comme tu n'as jamais prié en ta vie... Tu dis que tu m'aimes, tu dis que tu voudrais donner pour moi ton bonheur et ton sang! Eh bien, Diane, tout, tout pour elle! tout, tout pour ce pauvre ange!
DIANE. Oh oui! tout pour elle; ma vie et mon bonheur pour elle!
MARTHE. Oh! les pauvres mères! égoïstes et folles!... enfant, ne m'écoute pas!... mon cœur est brisé... Je délire... Non, non... je n'accepte pas ton sacrifice... Blanche est à sa mère... c'est à sa mère de se dévouer... Pourquoi donc mourrais-tu pour elle, toi?...
DIANE. Parce qu'elle est votre fille, parce qu'elle est adorée... et parce que...
MARTHE. Parce que?...
DIANE. Parce qu'on ne m'aime pas... moi...
MARTHE, l'attirant dans ses bras. On ne t'aime pas... c'est vrai! pauvre enfant! oh!... on ne t'aime pas! on ne t'aime pas! toi si belle et si bonne! toi si pure et si dévouée, écoute... on t'aimera... tu seras ma confidente et ma seconde fille... tu sauras... oui, tu sauras... mais... Oh! qu'ai-je donc? (Elle chancelle.) Diane... j'ai trop souffert... je meurs... je... oh!... (Elle s'évanouit.)
DIANE. Ma tante, ma tante, oh! j'ai peur! (Elle lui donne ses soins.) Elle l'a dit, pauvre mère! elle a trop souffert! Oh! Dieu soit béni, son souffle revient. (Marthe revient à elle.)
MARTHE, froidement. Ah! vous voilà, Diane! vous n'êtes pas à danser... le bal est-il donc déjà fini?...
DIANE. Il y a longtemps que je suis ici... nous parlions de vous et du danger qui menace votre fille!...
MARTHE. Nous parlions de cela... un danger pour Blanche!...
DIANE. Vous me disiez...
MARTHE. Moi!... les jeunes filles se font des idées... Va te reposer, Diane, il n'y a de malheurs et de mystères que dans ta petite tête folle...
DIANE. Puisque vous le voulez... je vous quitte, Adieu, madame. (A part tristement.) J'ai cru qu'on allait m'aimer!
MARTHE. Adieu, ma fille! adieu! (Diane sort lentement. Revenant l'embrasser par un élan de tendresse.) Adieu!

SCÈNE III.

BLANCHE, endormie; MARTHE.

MARTHE. Pauvre Diane! il y a donc encore de bons cœurs autour de nous! (Allant à Blanche.) Elle dort... elle ne sait même pas!... oh! si cela pouvait être toujours ainsi... si je pouvais prendre pour moi... toute l'amertume et lui laisser le repos souriant, la joie, le bonheur... Mais le réveil viendra... et la lumière se fera dans sa pauvre âme ignorante... elle saura... Dors, enfant, dors ton dernier sommeil paisible... souris à tes derniers rêves de vierge... moi, je veille pour toi! (Elle se prépare à sortir.) C'est l'heure du rendez-vous... M. le chevalier de Pharaon, vous allez voir que la pauvre mère n'a plus peur de vous, maintenant qu'il s'agit du salut de sa fille!... (Elle sort précipitamment. A peine est-elle sortie que Diane rentre sur la pointe des pieds; elle va droit au lit de Blanche et l'appelle.)

SCÈNE IV.

BLANCHE, DIANE.

DIANE, appelant Blanche!... Blanche!...
BLANCHE, endormie. Qui m'appelle?...
DIANE. Blanche!
BLANCHE, s'éveillant. C'est toi, cousine... comme je dormais bien!...
DIANE. Lève-toi...
BLANCHE. Pourquoi faire?
DIANE. Tu le sauras... viens!
BLANCHE. Mais, où veux-tu me conduire?...

DIANE. Tu le sauras, te dis-je!...
BLANCHE. Méchante! Eh bien, je ne bougerai pas avant que tu aies parlé!
DIANE. Enfant qui joues avec le malheur!... le temps presse... viens au nom du ciel!... viens!...
BLANCHE, se levant. Tu m'effraies; mais, enfin, où donc allons-nous?
DIANE. Chez Lehivain.
BLANCHE. Chez Lehivain, et pourquoi faire?
DIANE. Lehivain est l'ami de notre famille, du moins il le dit; ce qu'il y a de plus certain, c'est qu'il est l'ami des Pontalés. Or il faut le prier de parler pour toi au marquis.
BLANCHE. Quoi! la nuit, toutes seules!
DIANE. Ne sommes-nous donc plus de courageuses filles de Bretagne? Est-ce donc la première fois que nous avons traversé les landes pendant la nuit, seules sur nos deux rapides petits chevaux noirs, et sous le costume des Belles de nuit, pour secourir des malheureux?
BLANCHE. Mais enfin que lui dirons-nous?
DIANE. Nous lui dirons qu'il faut que Roger revienne sur le champ, nous lui dirons... comment l'expliquer cela?... comment te faire comprendre... enfin, je lui dirai... qu'il faut que le père Roger soit ton père aussi, ou bien...
BLANCHE. Ou bien?
DIANE. Ou bien tu es perdue!
BLANCHE. Perdue! mais je ne te comprends pas!
DIANE, l'entraînant. Et s'il refuse?...
BLANCHE. S'il refuse!...
DIANE. Eh bien!... s'il refuse... il nous tuera toutes les deux!... Viens!... viens!... (Changement à vue.)

QUATRIÈME TABLEAU
LA TOUR DU CADET.

Paysage agreste. La tour du Cadet, grosse construction noire, couverte à demi par des arbres et dont les créneaux laissent passer d'énormes touffes de giroflées; bois vierge, etc. — Il fait nuit.

SCÈNE PREMIÈRE.
BLAISE, GÉRAUD, HALIGAN, YVONNIC, PAYSANS qui dansent.

(Au lever du rideau, après la danse, Blaise chante dans la coulisse.)

BLAISE.
C'est l' dimanche à la messe,
Ah! qui fait bon le oui,
Y vous chante au lutri
Ben mieux que tous nos j' êtos;
Et tant qui s' brayait haut,
J'en restiens tout bégauds.

HALIGAN. C'est la voix du Normand!
GÉRAUD. Le domestique du chevalier!
YVONNIC. Comment peut-on servir un coquin comme ce chevalier? Oh! fi!
HALIGAN. Tu es bien entré au service de maître Lehivain, toi.
YVONNIC. Moi, c'est différent... la nécessité, et puis d'ailleurs, c'est pas pour le servir que je suis allé chez lui : c'est pour m'instruire. C'est un homme de loi; il fera de moi un savant : il m'apprendra à lire et à écrire...

BLAISE, approchant.
Y m' dit, ma Bertrade,
Pour ta, j' sis tout en foux,
L'équia de tes deux yeux...

Bonsoir... (Parlant.) Tiens, tiens, en v'là d'la souciétuis!... el' Mouton-Couroupais! et les autres!
GÉRAUD. Bonsoir! bonsoir!...
BLAISE. Vous vous en retournais comme ça vous couchais?
HALIGAN. Nous faisons ce que nous voulons.
BLAISE. Je n' dis point non... dites donc les gars?
HALIGAN. Allons, venez vous autres, voilà le moment où les Belles de nuit vont sortir.
BLAISE. Qu'est-ce que ça, les belles de nuit?
HALIGAN. Pauvres jeunes filles, mortes à l'âge d'aimer! mortes avant d'être mariées, et dont les âmes viennent à la nuit errer sur le lac à travers le brouillard!
GÉRAUD. On dit même que parfois on les entend chanter d'une voix plaintive le chant qui porte leur nom.

BLAISE. C'est des gosses, ça, — c'est pas les belles de nuit qui chantent : c'est vos filles quand elles sortent de leurs veillées. — Vous êtes des crédules, allais donc !
YVONNIC. Si on peut dire! — c'est-il nos filles aussi qui ont de grandes robes bleuâtres, des voiles verts et des couronnes, et des ceintures d'herbes marines? — et puis, c'est-il nos filles qui sont pâles, oh! mais pâles comme des morts?
BLAISE. Comment sais-tu que les belles de nuit sont comme ceci et ça?
YVONNIC. Dame! je les ai vues.
TOUS. Il les a vues.
HALIGAN. Toi!
YVONNIC. Oui moi, — et même pas plus tard que ce soir.
TOUS. Ce soir!
YVONNIC. Écoutez : — Au sortir du château, j'étais resté en arrière, — je courais fort pour rattraper, lorsqu'arrivé à la forêt — j'entendis un bruit derrière moi; je me retournai et j'aperçois... devinez... j'aperçois deux formes blanches courir après moi. — V'la la peur qui me saisit, — je me mets à crier les apparitions... Tiens, que je me dis, elles ont peur à leur tour, et je risque un œil pour les regarder : c'étaient les Belles de nuit. — Il n'y avait pas à s'y tromper : — voiles verts, — robes blanches, — ceintures de feuillage — et visages pâles, — rien n'y manquait; mais ce qui, plus il y a de étonnant, c'est qu'elles étaient montées sur deux petits chevaux, l'un blanc et l'autre noir, comme qui dirait les chevaux de nos demoiselles... Après ça, si c'étaient elles?
GÉRAUD. Nos demoiselles, — Diane et Blanche?
YVONNIC. Tant il y a qu'après avoir risqué l'autre œil pour les mieux voir, je me suis sauvé sans demander mon reste, et voilà!...
BLAISE. C'est donc tout d' même?
HALIGAN. Allons, assez. — Venez, vous autres.
GÉRAUD. Vous restez, vous, M. Blaise?
BLAISE. Ah! dame! les Belles de nuit sont de la Bretagne, et moi de la Normandie... ça fait deux... Ben des choses chez vous, mes gars... Bonsoir, bonsoir.

SCÈNE II.
BLAISE, PHARAON.

(A peine sont-ils sortis, que l'on voit entrer Pharaon.)

PHARAON. Allons, les voilà partis; maintenant nous sommes bien sûrs de n'être pas dérangés... Légende des Belles de nuit, protége ces lieux contre d'indiscrètes curiosités. — Allume les torches, Blaise, il faut faire honneur à ceux que nous attendons.
BLAISE. Oui, monsieur le chevalaias. (Il obéit.)
PHARAON, s'approche, et lui frappant familièrement sur l'épaule. Ça va bien, ça va très-bien!
BLAISE, se frappant les mains. Oh! j' sis ben aise d'vous voir beh aise!
PHARAON. René perd tous les soirs et tous les matins... le jeu est devenu le premier de ses besoins... comme ça n'allait pas assez vite, je lui ai soufflé l'idée de tripler sa fortune avec des actions de la banque du Mississipi!
BLAISE. V'là c'que j'voudrais savoir, mê... ce que c'est que la banque du Missipipi?
PHARAON. Mississipi!
BLAISE. Eh oui, donc!... Mipississi! Pour son argent, on li a baillé des petits brins ed' papier comme ceux de ce juif?...
PHARAON. Chut!...
BLAISE. Qu'on avait attiré dans le cabaret de la rue de Venise... à Paris?...
PHARAON. Te tairas-tu?
BLAISE. Je me tais... A propos, vous n'avez pas eu des nouvelles du chevalais de Grandpré?...
PHARAON. Si : il est passé en Louisiane.
BLAISE. Et il a ben fait... S'il était resté en France et qu'il eût été pris, il aurait été rouais aussi, lui.
PHARAON. Tais-toi!
BLAISE. Oh! rouais, vif!
PHARAON, allant s'asseoir. Monsieur Blaise!...
BLAISE. Vous êtes plus heureux que lui, vous, monsieur le chevalaias... vous menez une vie de cocagne, une vie de chanoine... vous mangez ben... vous dormez ben... vous faites la cour à la femme... vous gagnez les louis du marl... vous êtes trop heureux, moi je vous le dis, foi de Blaise, j'aurais peur que ça ne dure pas; dans trois mois, si ça continue, vous serez aussi riche que le roi.
PHARAON, se levant. Misérable! il y a des moments où je suis tenté!...

BLAISE. Quoi, monsieur le chevaliais?
PHARAON. Riche!... riche!... Ah çà, maraud! remets-tu exactement mes lettres à madame Marthe?
BLAISE. Mè... si je... E' qu' oui, parole du bon Dieu! même que j' les serre au fin fond d' mon mouchoir, parce qu'ils sentons bon vos petits papiais... Oh! tout d' même, j' voudrais ben savoir écrire comme vous... vous êtes un malin!
PHARAON, avec fatuité. Le fait est que j'entends assez tout ce manège... Voyons, comment dirais-tu à une femme, toi, que tu l'adores?
BLAISE. Ah! dame! j' sais point.
PHARAON. Tu n'as donc jamais été amoureux?
BLAISE. E' qu' si!
PHARAON. Eh bien, quand tu étais amoureux d'une femme, que faisais-tu?
BLAISE. Mè!... ah!... ah!... j' li pinçais l' bras et j' la faisais criais en li serrant l' pouguais... et plis, quand j' l'aimais fort, mais là, fort!... j' li donnais des coups de poing sur l' zépaules, comme ça... (Il frappe Pharaon.)
PHARAON. Imbécile!... Vous a-t-il un poignet, ce drôle-là!
BLAISE. Oh! faites excuse, monsieur le chevaliais... j'ai pas voulu vous offensais!
PHARAON. C'est bon!... tais-toi, les voici!
BLAISE, à part. J' l'ai rudement cognais, tout d' même, et j' sis ben aise...

SCÈNE III.

Les Mêmes, PONTALÈS, LEHIVAIN, L'ONCLE JEAN.

JEAN, à Pharaon. Excusez-moi, monsieur, de vous avoir fait attendre : l'indisposition de ma nièce m'a retenu avec ces messieurs plus que je n'aurais voulu.
PHARAON. Vous voilà, monsieur; vous êtes tout excusé, et c'est moi qui suis maintenant à vos ordres...
JEAN. Bien!
PHARAON. Vous avez désiré me parler ce soir, en présence de ces messieurs, sous la tour du Cadet... Nous voici tous réunis à l'heure, au lieu choisi par vous!...
JEAN, très-doucement. En effet... nous avons à causer, et je remercie ces messieurs de leur exactitude... Avant tout, deux mots, monsieur le chevalier... Je passe pour être l'homme le plus timide et le plus doux de la province...
PHARAON. Vous en avez bien l'air, monsieur Jean!
BLAISE. Ah, cristi! oui, qu'il en a l'air! oin vrai mouton, è d' pré salais.
JEAN. Je fais de mon mieux pour mériter ma réputation, monsieur le chevalier; mais il y a eu des circonstances...
PHARAON. Plait-il!
JEAN. A la dernière session des états de Bretagne, on m'avait nommé député, je ne sais pourquoi... J'allai, comme me voilà, mon bonnet de laine sur la tête, mes sabots aux pieds et mon épée au côté... C'est une bien pauvre épée, mais elle a servi le roi dans la guerre de succession!
PHARAON. Mais enfin?...
JEAN. Le jour de l'ouverture des états, trois gentilshommes du Nantais trouvent que mon costume prêtait à rire... Je tournai la tête humblement pour ne les voir... ils vinrent à moi. J'accueillis leurs plaisanteries en souriant; cela dura longtemps... Mais ne voilà-t-il pas qu'ils s'avisèrent de railler le nom de Penhoël... Je fus fort mécontent, monsieur le chevalier!
PHARAON. Ah! ah!
BLAISE, riant. Ah! ah!
JEAN, avec une extrême simplicité. J'en ai pris un des trois, je l'enlevai de terre et m'en servis comme d'une gaule pour corriger les deux autres!...
PHARAON, étonné. Vous?
JEAN. Oui!
BLAISE, qui ne rit plus. Ah! c'est fort tout d' même!
JEAN. Cela leur déplut...
BLAISE. Dame! ça n'est pas amusant d'être escouais comme un vieux pruniais!
JEAN. Ils voulurent tirer l'épée... Ma foi, je me souvins que j'avais été prévôt d'académie dans la guerre d'Espagne; je me défendis de mon mieux, et je les tuai tous les trois derrière les Cordeliers de Rennes.
PHARAON. Tous les trois!
BLAISE. Jarni Dieu! sans leu zy laisser ol temps de dire un Pater et un Ave... c'est raide itout, ça!
JEAN, changeant de ton. Ce fut une triste affaire... Arrivons à la nôtre. Depuis que vous êtes au château de Penhoël, je suis vos mouvements avec beaucoup d'attention, monsieur le chevalier. (Mouvement du chevalier.) Permettez, ne m'interrompez pas : je ne vous perds pas de vue, et, si je n'ai pas appris encore tout ce que je voulais savoir, j'en sais du moins assez pour venir à vous, et vous dire : Halte-là!
PHARAON. Comment, halte-là!
JEAN. Vous avez de mauvais desseins!
PHARAON. Monsieur!
JEAN. Chut!... pas de colère... Quand j'aurai fini, je serai tout à vous! Procédons par ordre : En entrant au manoir, votre première parole a été un mensonge. (Mouvement du chevalier.) Oui, un mensonge! Vous avez dit : « Je suis l'ami de Louis de Penhoël! » Le connaissez-vous seulement?...
PONTALÈS. Que signifie?
PHARAON. Si je le connais!
JEAN. Vous ne le connaissez pas, vous saviez vaguement et je pourrais vous dire par qui vous le saviez, qu'il y avait un douloureux secret attaché à ce nom... cela vous a suffi... vous avez prononcé ce nom au hasard comme un talisman, et le talisman s'est trouvé bon... Eh bien, il me plaît à moi que vous en sachiez beaucoup plus aujourd'hui; je vais vous dire l'histoire de Louis de Penhoël.
PHARAON. Soit, monsieur Jean, je vous écoute.
JEAN. Ah! ce ne sera pas long. Louis de Penhoël était un bon et brave enfant de dix-huit ans... il aimait Marthe et il en était aimé... mais il y avait un autre enfant, brave et bon, qui aimait aussi Marthe... qui l'aimait au point de perdre pour elle ses forces et sa vie... c'était René... le frère cadet de Louis... Un jour, René dit à Louis : « Frère, je l'aime et je meurs. » Le lendemain, l'aîné partit sans dire adieu à personne. Marthe avait à peine quinze ans... je vous connaissiez il à cet âge?... Elle donna sa main à René qu'elle voyait toujours faible et pâle à ses genoux. Fût-ce par amour ou par pitié, Dieu le sait! Ce qui est sûr, c'est que Marthe est une sainte sur la terre. Mais Louis revint au bout de cinq ans... René fut jaloux; il eut le courage de dire encore à son frère: « Pars ou je meurs. » Il y a dix ans maintenant que Louis a quitté de nouveau la maison de ses pères, et cette fois, pour ne plus revenir!... Voilà l'histoire de Louis... Maintenant voici la vôtre : René a un ennemi mortel en ce monde, c'est Pontalès.
PONTALÈS. Moi!
JEAN. Oui, vous! Placé près de René, comme un mauvais génie... vous êtes ici pour ruiner Penhoël... pour le déshonorer peut-être!... et vous êtes bien fort, monsieur le chevalier, car si l'on disait à René ce que je vous dis là... René hausserait les épaules!... Eh bien, si René ne veut pas se défendre, le vieil oncle Jean le défendra malgré lui et à son insu... l'oncle en sabots peut se souvenir encore des Cordeliers de Rennes... il peut mettre encore sa pauvre épée dans la poitrine d'un homme qui l'outrage... Or, cet homme, c'est vous, et voilà pourquoi je vous ai fait venir ici, la nuit, sous cette tour et en présence de vos complices, qui seront vos témoins.
PONTALÈS. Des complices!
PHARAON. Ah! ah! c'est ainsi que vous le prenez?
JEAN. Oui, monsieur le chevalier.
PHARAON. Eh bien, monsieur Jean, nous aurons un dernier mot à nous dire.
JEAN. Tout de suite, monsieur le chevalier.
BLAISE. Eh!... il m' fait plaisir à mè, el' vieux brave!
PONTALÈS, s'interposant. Un moment! cette provocation n'est pas justifiée... et je ne souffrirai pas...
JEAN. Laissez!... j'ai provoqué monsieur, parce qu'il a payé l'hospitalité de mon neveu René par la plus honteuse des trahisons!
LEHIVAIN. Dans ces cas-là, on fait un procès.
JEAN, levant son épée. Je suis un vieux soldat... voilà mon juge.
BLAISE. C'est la première fois qu'un juge me plaît, à mè!...
PONTALÈS. Encore faudrait-il un indice... une preuve...
JEAN, entr'ouvrant sa veste. Connaissez-vous ces lettres, monsieur de Pharaon?
PHARAON, reculant. Mes lettres!
JEAN. Elles y sont toutes, monsieur... ma nièce n'en a reçu aucune.
PHARAON. Ah! coquin de Blaise!
BLAISE. Bon! v'là qui s'en prend à mè!
JEAN. Cela vous suffit-il?
PHARAON. Allons! c'est bien malgré moi! éclaire drôle. (Il met l'épée à la main, Jean et Pharaon tombent en garde; après s'être saluées, ils font deux ou trois passes.)
PHARAON. Beau jeu!... bien beau jeu!... vous tirez comme feu Bassompierre, notre oncle.
JEAN. Vous, votre épée est de coton... que diable!... j'ai honte! (Il se fend, le chevalier saute en arrière.)
PHARAON. Du coton, du coton, c'est ce que nous allons voir.
JEAN. Allons, finissons.
BLAISE. C'est M. le chevaliais qui saute ben! (Ils se remettent en

garde; le chevalier saute encore. — Blaise, riant.) Saute pour le roué ! PONTALÈS, à Lehivain. Mais il n'est pas de force !
JEAN, en colère. Pardieu ! monsieur... battez-vous de pied ferme... jouons-nous aux barres ?... (Le chevalier revient; au moment où les fers se choquent de nouveau, on entend la voix de Marthe dans le fourré.)

SCÈNE IV.

LES MÊMES, MARTHE.

MARTHE. Arrêtez !... arrêtez !
PONTALÈS et LEHIVAIN. Madame !
MARTHE, se jetant entre les épées. Arrêtez ! je vous en conjure !
JEAN. Marthe ! laissez-moi, je ne vous ai jamais rien refusé !... mais cette fois...
MARTHE. Vous ne savez pas !... oh ! vous ne savez pas !...
JEAN. Je sais qu'il me faut la vie de cet homme.
MARTHE. La vie de cet homme !... malheureux !... sa vie doit être sacrée pour vous !
JEAN. Sacrée pour moi !...
LEHIVAIN ET PONTALÈS, à part. Voilà du nouveau !
MARTHE, à l'oreille de Jean. Pitié, mon oncle, au nom de mon enfant !
JEAN, stupéfait. Blanche !
MARTHE. Laissez-moi ! il faut que je lui parle.
JEAN. Mais...
MARTHE. Mon oncle, il le faut !
JEAN, remettant son épée au fourreau. Marthe, faites suivant votre volonté... je vous attends. Nous nous reverrons, monsieur le chevalier.
PHARAON, l'imitant. Quand vous voudrez, monsieur Jean.
BLAISE, à Pharaon. Ah dame ! il vous aurait trouais la piau, c'ti-là !
PHARAON. Toi ! nous avons un compte à régler ensemble.
BLAISE. Un compte à règlais !...
PHARAON, à Blaise. C'est bon, reste à l'écart.
BLAISE. Je vas me promenai un brin.
MARTHE, au chevalier. Monsieur, il faut que je vous parle, à vous seul.
PHARAON, à Pontalès et à Lehivain. Messieurs, vous entendez ?...
PONTALÈS. C'est que j'aimerais à savoir...
PHARAON, bas à Pontalès. Allez m'attendre chez Lehivain... je vous dirai tout.
JEAN. Monsieur de Pontalès, souvenez-vous des trois gentilshommes du Nantais.
PONTALÈS. Comment ! (Ils s'éloignent.)

SCÈNE V.

PHARAON, MARTHE, JEAN, à l'écart.

MARTHE. Monsieur, vous avez apporté dans notre maison la ruine et la honte.
PHARAON, à part. La ruine, soit... mais la...
MARTHE. Je vous maudis !... mais votre habileté dans le crime est si grande, que moi qui vous hais...
PHARAON. Ah ! madame...
MARTHE. Moi qui vous hais de toute mon âme, je suis forcée de tendre vers vous mes mains suppliantes !
PHARAON. Non, je ne souffrirai pas !...
MARTHE. Je suis forcée de venir, humble et brisée, vous offrir mon bien le plus cher !
PHARAON, à part. (A part.) Ah ! sans doute, pour que je parle ! (Haut.) Et ce bien si cher, madame ?
MARTHE. C'est ma fille, monsieur !
PHARAON. Votre fille, à moi, madame ?
MARTHE. Hésitez-vous, monsieur ?... ou sommes-nous tombés si bas que nous ayons encore à subir la honte d'un refus !
PHARAON. Un refus... non... mais... (A part.) Je n'y comprends plus rien du tout... ah ! je crois y être : on me redoute comme ennemi, on craint une ruine complète !... et...
MARTHE. Souvenez-vous que j'attends, monsieur. Vous êtes gentilhomme, je croirais vous offenser en vous disant que cette mort dont je viens de vous sauver, est toujours là qui vous menace, et qu'un mot de ma bouche...
PHARAON. Ne le dites pas, ne le dites pas, madame... j'accepte.
MARTHE. Enfin !
PHARAON. J'accepte avec reconnaissance, avec bonheur... j'accepte avec la dot... et, ma foi j'aime mieux être avec ceux-ci, pour mon compte, qu'avec les autres... pour le leur !

MARTHE. Bien, monsieur... merci... rendez ma fille heureuse, et mon cœur de mère parviendra peut-être à pardonner un jour au mari de Blanche tout le mal que m'a fait le chevalier Pharaon.
PHARAON. Madame, vous me comblez !... (A part.) Si je comprends un mot, je veux être pendu !... Pendu !... un moment... non, diable ! je ne veux pas être...
MARTHE. Adieu, monsieur... vous venez de faire à mon cœur brisé le seul bien qu'il fût capable de ressentir en ce moment... (Entraînant Jean.) Venez, mon oncle, venez, et maintenant, plus que jamais, que la vie de cet homme vous soit sacrée ! (Elle sort avec Jean.)

SCÈNE VI.

PHARAON, BLAISE, puis BLANCHE et DIANE.

PHARAON. Un mariage !... peste !... c'est un beau rêve... un rêve bien supérieur à tous ceux de mon ambition... mais comment le réaliser, ce rêve ? Ah ! je prévois bien des difficultés ! D'abord, il y a le marquis de Pontalès qui s'opposera... et mon incognito que j'oubliais... et puis enfin cette jeune fille qu'on vient me jeter à la tête... Qu'est-ce que cela signifie ? Il y a probablement quelque affreux revers de médaille... Allons, allons, Pharaon, mon ami, vous montez pas la tête... restez calme, et appréciez de sang-froid le parti que vous devez tirer des hasards favorables que la destinée vous envoie... c'est cela, raisonnez sagement, mon ami... et pour commencer, allez retrouver le marquis chez son barbouilleur de grimoires... Ah ! j'oubliais... Blaise ! Blaise !
BLAISE, qui s'est avancé tout doucement. J' suis là, monsieur el' chevaliais !
PHARAON. Ah ! tu es là, drôle ! faquin ! je l'ai dit que nous avons un compte à régler ensemble.
BLAISE. Un compte à règlais !... vous ? mè ! mè !... avec...
PHARAON. Oui, toi, approche ici.
BLAISE. Me v'là.
PHARAON. Je t'avais promis de te briser les côtes, si mes lettres n'étaient pas remises... (Il lève la main.)
BLAISE. Aïe !... aïe ! ej' savais ben qu' ces lettres-là m'raient mon malheur !
PHARAON. Tu avoues donc ?
BLAISE, humblement. Oh ! ne me touchais point, monsieur el' chevaliais !... Ah ! dame ! ne m' touchais point !... èj' vas tout vous dire !...
PHARAON. Coquin !
BLAISE. Dites-moi donc des sottises tant qu' vous voudrais... ça n' me fait point ren du tout !... mais ne m' battais point !... v'là la chose... V' savez ben que monsié Renais de Penhoël est jaloux comme tout, qu'il a la poigne dure... v' savez ben que l' vieux en sabots tape comme un sourd quand y s'y met... v' savez ben tout ça, pas vrai ?
PHARAON. Après ?
BLAISE. J' me disais toujours, mè... Blaise, mon pauv' gars, v'là des p'tites lett' qui sentent bon, mais qu'ell' attireront quéqu' chose que tu n' mangeras point... j' sis prudent, mè, monsieur de chevaliais, comme tous les gens ed' mon pays...
PHARAON. Poltron comme une poule !
BLAISE. Je n' sis point un chevaliais, mè... vos lettres em' brûlaient les doués... vous savez ben, l' pavillon du jardin ?...
PHARAON. Oui.
BLAISE. Vous savez ben l' guéridon où madame met son ouvrage quand je vient y travaillai ?...
PHARAON. Quelle patience !
BLAISE. Vous savez ben l' petit panier rose qu'est su l' guéridon... en' vous fâchais point... j' guettais l' moment où n'y avait personne dans le pavillon ; j'ouvrais la porte, j'allais au guéridon, et j' fourrais les lettres dans l' petit panier rose.
PHARAON. Alors, comment Jean de Penhoël ?...
BLAISE. V'là ben c' qui prouve que j' n'ai point la chance... l' bonhomme Jean faisait comme mè... y v'nait dès que j'étais parti, y fourrait sa patte dans l' petit panier rose... et y chipait la lettre... v'là tout... monsieur l' chevallais... vous voyez ben tout d' même que c' n'est point d' ma faute... Ecoutais... si vous voulais m' pardonner, èj' vous vengerais su' quèqu'un... o j' f'rai une vie d'enrageais !...
PHARAON. Te pardonner... eh bien, tiens, au fait, j'y consens.
BLAISE. C'est-y, Dieu ! possible ?... ainsi vous dites...
PHARAON. Je dis que je te pardonne, et même je te donnerais une gratification, si... si j'avais de l'argent.
BLAISE. Oui... mais vous n'en avais point.
PHARAON. Tu sais bien pourquoi, drôle ! mais laissons cela, qu'il t'suffise de savoir que ta maladresse m'a servi.

BLAISE. Ah! bah! comment ça... hein?
PHARAON. Que t'importe?... Vous êtes curieux, maître Blaise, la curiosité est un vice, mon cher... tâchez de vous en corriger... Adieu!...
BLAISE. Monsieur l' chevaliais s'en va sans mé...
PHARAON. Je vais où il me plaît... faquin! je vous défends de me suivre... allez m'attendre au bac du passeur Haligan... il y a du poisson dans la rivière et de la fougère dans le bois... dormez ou pêchez suivant votre goût.
BLAISE. E j' dormirai! (Pharaon sort. A peine est-il parti qu'on entend au fond le premier couplet des Belles de nuit, puis on voit Diane et Blanche apparaître au fond sur deux petits poneys; elles arrivent en scène. Blaise s'est mis à l'écart.)
BLANCHE. Arrêtons-nous un moment... je suis fatiguée et j'ai peur...
DIANE. Courage, ma pauvre Blanche, nous voilà bientôt arrivées...
BLANCHE. Mon Dieu! mais si l'on nous voyait...
DIANE. Vous voir! allons donc! si quelque paysan nous rencontrait, il nous prendrait pour des apparitions, il s'agenouillerait en faisant le signe de la croix, et en disant : « Dieu garde les Belles de nuit!... » Viens! viens! viens en route! (Elles reprennent leur course en chantant le second couplet.)

CINQUIÈME TABLEAU

LA MAISON DE LEHIVAIN.

Une chambre d'homme de loi : bureau, bibliothèque, etc.

SCÈNE PREMIÈRE.

YVONNIC, puis LEHIVAIN.

YVONNIC. Oui, maman Soleil! allez chercher le rôti; moi, je vais mettre la nappe... (Il sort.) Était-elle jolie, au moins, la petite demoiselle Blanche! si j'étais seulement fils du marquis, moi, je tâcherais de l'épouser... (Il met la nappe.) Mais, bast! ce n'est pas pour toi, mon petit gars... (Il met le sucrier et prend un morceau de sucre.) Il aime le sucre, le papa Lehivain!... (Il met une bouteille de vin.) Et, quand il a un morceau de sucre dans la bouche, il aime à boire un coup. (Il boit.) Ça fait du vin sucré... Pas bête! pas bête! quand je serai homme de loi, je boirai du vin sucré à tous mes repas. (Pendant qu'il boit, Lehivain entre et lui tire les oreilles.) Aïe! aïe! vous me faites du mal... vous! (Il se dégage.) Mais qu'est-ce qu'il y a donc?
LEHIVAIN. Ce qu'il y a, scélérat!... Il y a que je te chasse.
YVONNIC. M'en aller! je ne demande pas mieux. J'étais venu ici pour apprendre les lois, et on me fait laver la vaisselle.
LEHIVAIN. Entrez, messieurs... donnez-vous donc la peine de vous asseoir... (A Yvonnic.) Laisse-nous. (Il sort.)

SCÈNE II.

LEHIVAIN, PONTALÈS, PHARAON.

PONTALÈS. Nous commencions à craindre que vous ne vous fissiez attendre, chevalier!
PHARAON. C'est que, en quittant madame Marthe, j'ai beaucoup réfléchi tout le long de ma route, monsieur le marquis.
PONTALÈS. Vraiment!
PHARAON. Oui, oui... Ah çà! savez-vous bien que décidément nous faisons un vilain métier, messieurs!
PONTALÈS. Hein?
LEHIVAIN. De quoi?
PHARAON. S'introduire dans une famille honorable pour la miner... pour la miner... pour la...
PONTALÈS. Est-ce que vous devenez fou, monsieur!...
PHARAON. Au contraire, c'est peut-être que je deviens sage... il n'y a pas à dire, voyez-vous; nous nous comportons comme des misérables... et, quant à moi, le repentir me prend... je me sens des velléités...
PONTALÈS. Des velléités? de nous trahir, n'est-ce pas?
PHARAON. Ma foi! je suis comme l'oiseau sur la branche... je ne sais trop...
PONTALÈS. Prenez garde!
LEHIVAIN. Laissez donc!... il plaisante... A moins qu'il ne veuille vous demander deux ou trois cents louis...
PHARAON. Deux ou trois cents louis me feraient plaisir en ce moment... j'avoue que je suis pauvre... Mais je suis en train de me ranger.

PONTALÈS. C'est là le résultat de la fameuse entrevue avec madame Marthe.
PHARAON. Mais oui... voici le cas... je vous fais juge... En continuant de combattre avec vous, il pourrait arriver que je combattisse contre moi-même... et ce serait assez stupide, n'est-ce pas?...
LEHIVAIN, se levant. Le contraire serait peut-être assez dangereux!
PHARAON. Bah!
PONTALÈS, à Lehivain. Les réflexions philosophiques de M. le chevalier de Grandpré lui ont fait oublier la rue de Venise... et...
PHARAON. Non... je sais parfaitement que j'ai la corde au cou, mes bons messieurs... mais je sais aussi que vous ne serrerez pas le nœud...
PONTALÈS. Est-ce que vous nous raillez à la fin?...
PHARAON. Ah! voyez-vous, c'est que, avant de se marier, il est bon de consulter ses connaissances.
PONTALÈS. Vous marier?
LEHIVAIN. Vous?...
PHARAON. Oui, oui... je songe à m'établir... un bon parti se présente... une jeune personne très-jolie... de noble famille... fille unique... dont la dot est très-attaquée, mais qui peut encore être défendue...
PONTALÈS. Blanche de Penhoël!...
PHARAON. Juste!
PONTALÈS. On ne vous la donnerait pas!...
PHARAON. Vous vous trompez... on me l'a offerte!
PONTALÈS. Madame Marthe?...
PHARAON. Oui... très-obligeamment... et dans des termes que ma modestie seule m'empêche de vous rapporter.
PONTALÈS. Elle est ruinée!
PHARAON. Vous savez bien que non... pas encore... et si je reprends leur parti... la chance tournera... Encore une fois, monsieur Lehivain, que diriez-vous d'une affaire semblable?
LEHIVAIN. Parbleu! je dirais que la légalité nous fournira les moyens...
PONTALÈS. Silence!... Chevalier...
PHARAON. Hein?...
PONTALÈS. Quoique picaro, vous êtes encore un petit peu gentilhomme?
PHARAON. Beaucoup.
PONTALÈS. Que diriez-vous, je vous le demande à mon tour, d'un brave garçon, qui recevrait dans son giron Eve et son péché?...
PHARAON. Cela ne prendra pas, marquis!... c'est un ange!
PONTALÈS. Que diriez-vous d'un ange qui perd connaissance au milieu d'un menuet... (les jeunes filles entr'ouvrent la porte et écoutent) qui tombe entre les bras de ses compagnes, dont les unes rougissent tandis que les autres ont de malins sourires?...
PHARAON. Je n'ai pas vu cela.
LEHIVAIN. Vous avez perdu... c'était attendrissant!
PONTALÈS. Que diriez-vous de ce même ange un peu bien déchu, chevalier! emporté tout à coup dans la chambre de sa mère qui pleure... qui l'interroge, qui doute... et qui finit par courir après le premier venu pour lui dire : « Voulez-vous ma fille!... Prenez, prenez vite! je vous la donne... rendez-lui son honneur! »
LEHIVAIN. « Je vous la jette à la tête, ma fille... Faites une reprise perdue à sa réputation. » (Blanche passe ses mains sur son front. Diane essaie en vain de l'entraîner.)
PHARAON. Je dirais...
PONTALÈS. Attendez... et, avant de répondre, songez que la dot est problématique!
PHARAON. Je dirais...
PONTALÈS. Vous hésitez... moi... je réponds à votre place... et je dis... Ange tombé!... fille perdue!... déshonorée... (Blanche pousse un cri déchirant; tous se détournent. Diane s'élance vers eux.)

SCÈNE III.

LES MÊMES, DIANE, BLANCHE.

DIANE. Et moi, je dis, marquis de Pontalès, que vous êtes un menteur, un lâche et un infâme!...
PONTALÈS. Mademoiselle...
BLANCHE, s'avançant et chancelant derrière sa cousine et tombant aux genoux de Pontalès. Moi!... oh! moi, je vous dis pitié!... pitié au nom de Dieu!... car vous pouvez me sauver!...
PONTALÈS, froidement. Mademoiselle...
DIANE. Que fais-tu là?
BLANCHE. Laisse, Diane... je viens de comprendre... la lumière s'est faite en moi... Je sais maintenant pourquoi ma

mère pleurait et me cachait ses larmes... Pauvre mère adorée !... je sais... ou plutôt, mon Dieu ! je devine... ce mal inconnu... ces angoisses... c'est donc cela qu'on appelle la honte !
DIANE. Blanche ! Blanche !
BLANCHE. Laisse-moi... je suis perdue... déshonorée... ils l'ont dit... et cela doit être vrai, puisque ma mère pleure... Ah ? sainte Vierge ! sainte Vierge ! que je souffre !... Ils ont dit encore que l'honneur peut être rendu à la pauvre malheureuse... eh bien, me voici à vos genoux, monsieur... (Elle tend ses mains à Pontalès.) Je vous prie et je vous supplie... je n'ai plus d'espoir qu'en vous.
PONTALÈS. Mademoiselle... je ne comprends pas...
PHARAON, à part. Ah ! diable !
BLANCHE. Ayez compassion !... Si vous me repoussez, il ne me reste plus qu'à mourir !... C'est Roger... Roger, votre fils... c'est moi qui vous l'ai dit... Roger à qui j'aurais confié ma vie... que sais-je ?... Y a-t-il quelque chose de plus cher que l'honneur ? Je le lui aurais donné !... Roger m'a trompée... Roger, dont le crime est encore mystérieux pour moi... Monsieur, monsieur ! vous êtes son père !... si vous voulez, je pourrai vivre et revoir ma mère !
PONTALÈS. Relevez-vous, mademoiselle.
BLANCHE. Pitié ! pitié !
PONTALÈS. Roger est mineur... nos deux familles sont ennemies... Roger n'épousera jamais la fille de Penhoël !
BLANCHE, brisée. Ah !
DIANE. Vous la tuez, monsieur !
PONTALÈS. Désolé, mademoiselle, de ne pouvoir faire une autre réponse.
DIANE. Vous refusez ?
PONTALÈS. Avec un profond chagrin... mais je refuse !
DIANE. Et vous deux, vous ne dites rien !... votre cœur ne se soulève pas contre cette misérable et honteuse hypocrisie !... Ah ! relève-toi, Blanche !... Je ne voulais pas supplier, moi, avec de pareils hommes, c'est la menace qu'il faut employer !
PONTALÈS, souriant. La menace !
DIANE. Souriez... Trois hommes contre deux enfants !... Mais j'ai du cœur, entendez-vous... et vous êtes des lâches !... Oui, la menace, et non pas une menace vaine !... l'effet suivra de près... c'est moi qui vous le dis !... Ah ! vous avez fait tous les trois à Penhoël une guerre souterraine et perfide !... Moi, moi ; entendez-vous... je vous attaquerai au grand jour... et je vous terrasserai !
PONTALÈS. Peste !
DIANE. Tous les trois... moi toute seule !... Vous, monsieur le chevalier de Pharaon, qui enlevez les familles comme un fléau mortel, vous, qui récompensez les bienfaits par la ruine... je sais qu'il est un nom qui vous frappera plus sûrement que la pointe d'une épée... Ce nom, je vous le jetterai au visage comme une insulte... Je ne vous crains pas, monsieur le chevalier de Grandpré !
PHARAON. Ah !
DIANE. Vous, monsieur Lehivain, qui possédez aux alentours la confiance de cent familles, je dirai ce que j'ai vu chez vous... je vous arracherai votre masque hypocrite, je dirai ce que valent vos conseils et par quels moyens votre science ruine légalement les familles assez aveugles pour se livrer à vos intrigues de bas étage.
LEHIVAIN. Mademoiselle...
DIANE. Vous, monsieur de Pontalès... monsieur le marquis, vous, le puissant seigneur !... je dirai, en vous montrant au doigt : « Voilà le complice de l'assassin de la rue de Venise... le complice de l'homme de loi prévaricateur... voilà le chef de cette ligue impure... voilà Capulet peureux et misérable, qui, n'osant pas attaquer Montaigu en face, a rempli sa maison de traîtres et d'empoisonneurs... voilà monsieur le marquis de Pontalès, regardez-le bien... il a reculé les bornes de la perfidie... il est plus vil que le meurtrier... plus traître que l'homme de loi prévaricateur... il a volé les tombes et déshonoré la fille !... Regardez monsieur le marquis de Pontalès, le lâche des lâches... le scélérat qui n'ose pas... l'assassin qui tue sans poignard... regardez-le... je le marque au front du sceau de son infamie !... et moi, une jeune fille... je le soufflette avec sa honte !
BLANCHE. Oh ! Diane ! Diane !
PONTALÈS. Vous m'avez insulté, mademoiselle... et cette insulte, vous ne la répéterez jamais !
DIANE. Je la répéterai devant tous !
PONTALÈS. Le jour où vous voudriez la répéter, vous tueriez l'homme qui vous a servi de père !
DIANE. Penhoël !
PONTALÈS, tirant son portefeuille. Connaissez-vous cette écriture ?
BLANCHE. L'écriture de mon père.

PONTALÈS. Penhoël a signé du nom de son frère Louis, de Louis qui est absent ou défunt... or, c'est un faux cela !
DIANE. Un faux !
PONTALÈS. J'hésitais à m'en servir... mais...
DIANE, effrayée. N'achevez pas, monsieur !... par grâce, n'achevez pas !... oubliez ce que j'ai dit... oubliez ces plaintes... oubliez mes menaces... mais ne perdez pas son père... ne perdez pas mon bienfaiteur. Ah ! je vous devine... vous serez sans pitié.
BLANCHE. Je ne survivrai pas à ce dernier malheur... adieu !... adieu !...
DIANE. Vous l'entendez !... elle mourra !... et moi, je mourrai avec elle ! (A tous trois.) Que notre mort retombe sur vous ! (Elles sortent.)

SCÈNE IV.

LEHIVAIN, PONTALÈS, PHARAON.

PHARAON, voulant les retenir. Arrêtez !
PONTALÈS. Que faites-vous, chevalier ?...
PHARAON. Ah ça ! voyons... est-ce qu'il est possible de laisser périr ces deux jeunes filles ?...
PONTALÈS. Oh ! je ne veux pas leur mort, seulement, je ne veux pas qu'elles vous doivent la vie... Il est vrai que d'une fois sauvées, ces petites filles nous perdront tous les trois ; mais n'importe... courez après ces folles, Lehivain, et faites diligence, car vous pourriez arriver trop tard.
LEHIVAIN, bas à Pontalès. Et si j'arrive trop tard ?
PONTALÈS. Allez, Lehivain, allez ! (A Pharaon.) Venez, monsieur le chevalier, venez !

SIXIÈME TABLEAU

Le théâtre change à vue et représente la rivière au bac d'Haligan. On voit, au fond du théâtre, Blanche, se précipitant dans l'eau ; Diane, à quelque distance, accourt au bord de la rivière.

SCÈNE UNIQUE.

DIANE, puis BLAISE, puis LEHIVAIN.

DIANE. Blanche ! Blanche ! au secours ! mon Dieu ! au secours ! ah ! j'ai juré de mourir avec toi !... Blanche, me voici ! (Elle se jette dans le fleuve. — Blaise, aux cris de Diane, sort de la coulisse à l'avant-scène et s'élance vers la rivière. Tout à coup Lehivain sort des roseaux et veut s'opposer à son passage.)
LEHIVAIN. Blaise ! toi ici ! de quoi te mêles-tu ?... va-t-en ! que t'importe leur mort ?...
BLAISE, le repoussant et le renversant, lui dit d'une voix de tonnerre et sans accent normand. Et si je ne veux pas qu'elles meurent, moi... un mot, un geste, une indiscrétion, et je vous écrase comme un serpent ! (Il s'élance dans le fleuve en laissant Lehivain éperdu.)

SEPTIÈME TABLEAU

Décors du deuxième tableau.

SCÈNE PREMIÈRE.

YVONNIC, GÉRAUD, L'ONCLE JEAN, DOMESTIQUE, PAYSANS ET PAYSANNES.

JEAN, à Géraud. Ah ! c'est vous, mon ami. Eh bien ?...
GÉRAUD. C'est fini, on n'a rien trouvé.
JEAN. Rien !... (Il tombe sur un siège. La porte du fond s'ouvre à demi. Yvonnic, par un mouvement de tête, demande s'il peut entrer. — Géraud lui fait signe de faire venir jeunes filles et paysans.)
YVONNIC. Nous avons bien cherché, allez... n'est-ce pas, vous autres ?...
TOUS. Oh ! oui !
GÉRAUD, à Jean. Depuis le bac jusqu'à l'autre bout du marais, on a jeté la sonde de trois pas en trois pas... mais rien... le courant est si fort...
YVONNIC. Eh bien, voilà justement ce qui me donne espoir à moi...
JEAN. Quoi ?
YVONNIC. C'est qu'on n'ait rien trouvé... Qui sait ? les demoiselles ne sont peut-être pas mortes !
JEAN. M'avez-vous vu quelquefois manquer de courage et de confiance en Dieu ?
GÉRAUD. Pour ça, jamais !
JEAN. Eh bien, regardez-moi... je n'ai plus de courage, je sens que le ciel nous abandonne !
GÉRAUD. Oh !

JEAN. Quelque chose me dit là que c'est aujourd'hui le dernier jour de Penhoël!...
GÉRAUD. Ne parlez donc pas comme ça!
JEAN. Tout à l'heure je revenais de l'église... où j'avais été prier pour les deux pauvres filles qui sont mortes.
TOUS. Mortes!
JEAN, les larmes aux yeux, se levant. Oui, oui, mortes toutes les deux... toutes deux si jeunes et si belles! mortes sans consolations ni secours! mortes par un crime peut-être!
TOUS. Un crime!
JEAN. Pontalès voulait être seigneur de Penhoël.
GÉRAUD. Le misérable!
JEAN. Et il le sera!... Ma tête brûle. Tout à l'heure, j'ai rencontré, sur la lande, maître Lehivain escorté d'une troupe de gens de justice... Cela menace Penhoël!...
GÉRAUD. Oh! nous n'en sommes pas là, Dieu merci!
YVONNIC. Non! non!
JEAN, secouant la tête. René passait les nuits au jeu... et quand on lui avait gagné tout son or, il jouait sur parole.... Oui... oui, bientôt ce manoir..., mais qu'importent ces vieilles murailles?... les derniers Penhoël mourront où ils pourront... René et moi, nous sommes des hommes, après tout... et puisque les enfants ne sont plus là... Mais ce qui déchire le cœur, c'est de penser à Marthe... Marthe, la pauvre mère qui pleure son enfant... et que l'on va chasser de ce sanctuaire où elle abrite sa douleur!
GÉRAUD. Mais ce n'est pas possible, ça!
JEAN. Il y a des gens qui n'ont pas de pitié, même pour les larmes d'une mère!
YVONNIC. Eh bien, c'est abominable!
GÉRAUD. S'ils l'avaient vue comme nous dans cette longue nuit de recherches inutiles; s'ils l'avaient vue se traîner à genoux quand elle ne pouvait plus marcher... Ah! les coquins! les sans-cœur!... Nous allions... nous allions toujours, le long du marais, ce tombeau qui cache les deux pauvres petites demoiselles... nous allions! Les jeunes filles que v'là récitaient à haute voix des prières à la vierge Marie... Elles étaient si bonnes, les deux chères demoiselles!... La nuit était bien froide... De tous côtés, dans les ténèbres, des torches se croisaient... des cris se répondaient au loin... et, chaque fois que nous commencions à espérer, v'là les cris qui partaient et qui disaient : « Rien encore! rien encore! »
JEAN. Elles sont mortes, vous dis-je! Quand ce mot douloureux arrivait à nous, je sentais le bras de Marthe se roidir sous mon bras... j'entendais un râle sourd déchirer sa poitrine... C'étaient autant de coups de poignard qui frappaient ce cœur martyrisé! ... mais qu'il ne pouvait plus pleurer... Les torches s'approchèrent de nous, et je la vis : elle était pâle, la pauvre femme! Ses cheveux mouillés tombaient sur ses épaules... ses yeux en feu brûlaient au milieu de son visage livide... Elle me regarda... Qui donc êtes-vous, me dit-elle? à moi!... à moi, le premier ami de son enfance! à moi, son père par le dévouement et par l'amour!... elle ne me reconnaissait plus!
GÉRAUD. Mon Dieu! mon Dieu!
JEAN. Elle voulait prier, c'étaient des mots sans suite, brisés par les sanglots... « Ma fille! ma fille!... mon pauvre ange!... Blanche! Blanche!... vous êtes un chrétien, vous Géraud, et vous savez que Dieu parle aux fils des vieux Bretons autrement qu'aux hommes des villes incrédules. Aux premières lueurs du matin, nous vîmes... (Passant à tout le monde.) Écoutez : Nous vîmes deux formes blanches glisser entre les branchages dépouillés des saules... elles étaient deux, les pauvres Belles de nuit!...
TOUS. Les Belles de nuit!
JEAN. Deux anges dont le vol indécis rasait encore notre terre avant de s'élever aux cieux... Je les voyais!... Adieu, ma Diane chérie!... adieu, Blanche de Penhoël!... Et il y avait dans l'air comme un murmure triste qui redisait le chant des Belles de nuit... Marthe s'arrêta... elle tomba sur ses genoux. « Ne cherchez pas, dit-elle, je les ai vues. Priez Dieu, priez, Jean; priez, René de Penhoël, si vous savez encore prier... Elles sont mortes! ma pauvre Blanche est morte!... » Des sanglots ont étouffé sa voix!... Puis, regardant autour d'elle : « Jeunes filles, vous qu'elle aimait, oh! que vos mères soient heureuses!... jeunes filles, priez Dieu pour mon enfant!... » Ses forces s'épuisaient; elle tomba sans connaissance... Haligan et moi nous la rapportâmes au manoir. Elle est là, dans la chambre de Blanche... baisant le petit oreiller où s'appuyait hier encore la jolie tête de sa fille... Ô mon Dieu! (Les jeunes filles s'agenouillent du côté de la porte de Marthe. A Géraud.) Géraud, s'il arrivait que Penhoël n'eût plus d'asile, pourrait-il compter sur la maison de son ancien serviteur?
GÉRAUD. Oh! ma maison, oui! et les miens, nous sommes à Penhoël des pieds à la tête, de la tête au cœur!

JEAN. Merci pour Marthe, mon vieil ami! merci pour moi!

SCÈNE II.

LES MÊMES, puis RENÉ, MARTHE, HALIGAN, YVONNIC, puis LEHIVAIN, HOMMES DE JUSTICE.

RENÉ, entrant. On dit que des étrangers frappent à la porte du manoir... Dans le malheur comme dans le bonheur, ma porte est toujours ouverte... Qu'on les introduise.
MARTHE, à René. Vous m'avez fait appeler?
RENÉ. Madame, il y a des hôtes à recevoir. (Entrée de Lehivain et des hommes de justice.)
YVONNIC. Cet homme-là sent le malheur.
RENÉ. Maître Lehivain, que signifie cet appareil?
LEHIVAIN. Une simple formalité, cher monsieur... mais vous savez, nos affaires...
JEAN. Que disais-je!
LEHIVAIN. Nos petits papiers... Vous allez pouvoir souper ensuite tout à votre aise. Monsieur le tabellion, veuillez me donner copie de l'acte de vente à rémeré, consenti 1° par Louis Chevalier, comte de Penhoël, seigneur des Houssayes et autres lieux, chef de nom et d'armes... 2° par René, disant vicomte de Penhoël, seigneur de Quintaine; 3° par Marthe de Kervoz, dame et vicomtesse de Penhoël, en leurs titres et qualités du domaine seigneurial de Penhoël, situé en la paroisse de Glénac, justice de Redon, comme il est dit dans le contrat en forme dont nous allons fournir lecture aux parties.
RENÉ. Je vous dispense de la lecture.
LEHIVAIN. C'est égal; écrivez que lecture a été offerte en la forme prescrite et déclinée.
RENÉ. Puis-je savoir maintenant?...
LEHIVAIN. Incontestablement... c'est votre droit... et bien que je remplisse ici un devoir rigoureux, croyez que je suis nonobstant tout entier à votre service.
YVONNIC. Vieux coquin!
RENÉ. Passons!
LEHIVAIN. Cette procédure... ou, pour m'exprimer mieux, cette instrumentation est afin de vous mettre en demeure, au cas où, par impossible, vous ne pourriez pas demain, heure de midi, payer le montant dudit acte précité, auquel mondit requérant se réfère sous toutes réserves.
RENÉ. Qu'arriverait-il en ce cas?
LEHIVAIN, exhibant une autre pièce. Je vous prie de croire que tout est en règle... mondit requérant, haut et puissant seigneur, Hilaire-Maxime Harcoat, marquis de Pontalès, chevalier des ordres du roi, etc., etc., etc.
YVONNIC. Etc.
LEHIVAIN. En ce cas, dis-je, mondit requérant vous fait, par ces présentes, sommation expresse d'avoir à déguerpir dans les délais... s'appuyant sur les articles... (Après avoir hésité, à un huissier.) Maître Leretrait, passez-moi votre édition portative de la *Coutume de Bretagne*... (On lui passe un gigantesque in-folio qu'il commence à feuilleter.)
RENÉ. Faites-moi grâce!...
LEHIVAIN. A votre volonté!
RENÉ. Est-ce tout?
LEHIVAIN. C'est tout, cher monsieur; je pense avoir mis dans l'exercice de mes fonctions toute l'aménité...
RENÉ. Sortez!
GÉRAUD. Un moment! D'ici demain midi on a le temps de faire bien des choses... A combien monte le rémeré?...
LEHIVAIN. Deux cent mille livres en principal,... et quant aux frais...
GÉRAUD, avec découragement. Deux cent mille livres!
RENÉ. Merci, Géraud? (A Lehivain.) Sortez!
LEHIVAIN. Je ne m'attendais pas... mais vous êtes chez vous, Penhoël... jusqu'à demain midi.
JEAN. Misérable!
LEHIVAIN, s'esquivant. A l'avantage! Venez, messieurs!... (Les hommes de justice sejouent et sortent.)
RENÉ. Jean... emmenez Marthe... Allez, mes amis, je veux être seul. (A Géraud.) Géraud, M. de Pharaon est-il encore au château?
GÉRAUD. Oui, monsieur; mais il s'apprête à partir...
RENÉ. Dites-lui de venir, mon ami, rendez-moi ce dernier service.
GÉRAUD. Vous serez obéi, Penhoël.
RENÉ, à un domestique. Qu'on m'apporte de l'eau-de-vie! (Tout le monde sort.)

SCÈNE II.

PHARAON, RENÉ.

PHARAON, entrant. Vous me demandez... je comptais venir vous faire mes adieux. Oh ! tout ce qui arrive est vraiment bien fâcheux !

RENÉ. Vous trouvez, monsieur le chevalier ?

PHARAON. Oui, vertubleu !... Ça me navre, moi, de voir un homme ruiné !

RENÉ. Ruiné par vous, monsieur !

PHARAON. Oh ! par moi, si l'on veut... pour quelques parties que je vous ai gagnées ! J'en ai pardieu perdu bien d'autres, moi !

RENÉ. Monsieur de Pharaon, quand vous êtes venu au manoir, nous étions une famille heureuse !

PHARAON. Ce n'était pas ce qui se disait dans le pays !

RENÉ, à un valet qui entre avec de l'eau-de-vie. Ah ! mets cela sur la table, et va-t'en !... Vous en servirai-je, monsieur le chevalier ?

PHARAON. Je ne me grise jamais qu'avec du Champagne... Et tenez, franchement, au début d'un entretien qui peut devenir sérieux, je n'aime pas à voir près de vous ce flacon d'eau-de-vie.

RENÉ, buvant. Soyez tranquille... n'ayez pas peur !

PHARAON, riant. Peur ! voilà une maladie que je ne connais pas, mon hôte !... Pourquoi aurais-je peur ?...

RENÉ. Je ne sais trop !... Parce que l'on a vu parfois de pauvres gens de la campagne pillés, assassinés, déshonorés par les brillants escrocs des villes, se redresser à la fin, et payer d'un seul coup leur dette au coquin qui les a perdus !

PHARAON. Vous êtes malheureux... et les âmes nobles comme la mienne pardonnent beaucoup au malheur !

RENÉ. Je vous rends grâces... Oh ! oui, vous êtes une âme noble, vous... C'est de la noblesse, assurément, que de se faire le valet d'un fils de maraud... d'un haut et puissant seigneur, comme ils l'appellent sans rire... du Pontalès, dont le père vendait du cidre aigre devant la porte de l'église... Combien Pontalès vous a-t-il payé pour me ruiner, monsieur de Pharaon ?

PHARAON. Monsieur de Penhoël, nous n'avons pas encore fait nos comptes.

RENÉ, buvant. Eh ! si nous réglions le nôtre tous les deux ?...

PHARAON. Monsieur... je n'oublie jamais que j'ai une épée au côté... mais je me souviens aussi que vous m'avez sauvé la vie.

RENÉ. Ah ! vous vous souvenez de cela ?

PHARAON. Certes !...

RENÉ. Chaque fois que j'ouvre la bouche pour vous appeler misérable et infâme, monsieur le chevalier de Pharaon, le rire me gagne... malheureusement ma conscience ne sont pas là des insultes trop graves pour un bouffon de votre espèce !...

PHARAON. De sorte que vous me m'appelez pas misérable et infâme... cela me suffit parfaitement.

RENÉ. Tenez, l'évidence me parle pourtant, l'évidence me dit : « Cet homme est venu chez toi pour te dépouiller et pour te prendre ton honneur... mais on ne punit pas par l'épée les coupeurs de bourse et les fileurs de cartes. » Et, quant à ce que m'a dit mon oncle du roman burlesque de monsieur de Pharaon, qui prétendait se faire aimer de ma femme... ah ! ah ! ah ! monsieur de Pharaon !... monsieur le chevalier de Pharaon ! Frontin déguisé en marquis... non, non, ceci passe les bornes ! Monsieur de Pharaon est resté dans sa sphère, et je pense qu'il aura conté fleurette à quelque fille de chambre.

PHARAON. Peste ! mais nous raillons !

RENÉ. Allons, faquin ! j'étais fou !... Se venger de toi !... fi donc ! détale.

PHARAON. Vous jouez merveilleusement votre dernière partie, monsieur... Ma foi ! je crois que les rieurs seraient de votre côté... malheureusement nous sommes seuls, et moi, moi, sous les témoins qui font l'insulte... l'outrage que nulle oreille indiscrète n'écoute... c'est un peu de bruit, et voilà tout... Allons ! comme vous dites... je vais détaler... Dieu me garde de répondre à ce que vous avez dit sur votre femme... ce sont les plus beaux yeux que j'aie vus de ma vie... Il est vrai qu'ils pleurent maintenant, ces beaux yeux-là... ils pleurent une fille morte... morte à temps, après tout !...

RENÉ. Que veux-tu dire ?

PHARAON. Rien que vous ne sachiez aussi bien que moi, je présume... Au surplus, tout cela n'est pas mon affaire... Ce que je tiens seulement à constater, c'est que vous parlez un peu haut... touchant votre honneur de mari.

RENÉ. Lâche !...

PHARAON, gagnant la porte. Il est des positions qui exigent plus de modestie... Quand nous étions amis tous les deux, j'allais parfois dans votre cabinet... et j'ai parcouru certaine lettre... (René met sa main crispée sur sa poitrine. — Continuant.) Oui, vous l'avez là, n'est-ce pas ? eh bien, relisez-la... méditez-la, et souvenez-vous que votre frère est revenu depuis dans le pays... un bien aimable garçon, dit-on, votre frère !...

RENÉ, fermant les poings. Infâme !

PHARAON, s'esquivant. Bonsoir, vicomte, sans rancune !... recevez mes adieux !... Ah ! vous me regretterez, parole d'honneur, vous me regretterez !... Je suis bon compagnon, que diable !... et surtout bon joueur... Adieu ! (Il sort.)

SCÈNE IV.

RENÉ, seul. Infâme ! lâche ! menteur !... (Il retombe sur son siège.) La lettre !... il a lu la lettre !... le mystère de mes insomnies et de mes fièvres !... Le secret terrible que je croyais enfoui tout au fond de mon cœur... cet homme l'a deviné... il le possède !... Demain, tout le pays de Redon, jusqu'à Vannes, saura ce que je voulais cacher au prix de ma vie et de mon sang !... La lettre !... (Il tire un portefeuille de son pourpoint et la pose sur la table.) Que de fois je l'ai relue, cette lettre, avec des larmes brûlantes dans les yeux et le désespoir dans le cœur !... Oh ! c'est mon dernier jour !... Je puis encore condamner et punir... Holà, quelqu'un !... (A un valet.) Qu'on dise à madame que je l'attends ici, sur le champ !... Ce sera la fin d'une race qui fut grande, mon Dieu ! et que vous avez tuée dans la honte et le malheur !... Oh ! il me tarde que justice soit faite !...

SCÈNE V.

RENÉ, MARTHE.

MARTHE, entrant lentement, la mort sur le visage. Que voulez-vous, René ?

RENÉ, affectant le calme. Je veux m'entretenir avec vous, madame, et jouir de votre compagnie durant les dernières heures qu'on me permet de passer sous le toit de mes aïeux !

MARTHE. Pauvre compagnie, René, que celle d'une mère qui pleure !

RENÉ, à part. Ah ! j'avais oublié ! L'aurais-je oubliée si c'était ma fille ?... (Haut.) L'enfant était bien belle... c'est vrai... Comme elle lui ressemblait, n'est-ce pas ?

MARTHE. A qui ?

RENÉ, buvant. A lui... Pourquoi dire son nom, puisque vous l'avez dans le cœur !

MARTHE. Je ne vous comprends pas !

RENÉ. Vous me tuez, madame, et ne regardez pas d'un air de pitié mon verre plein auprès du flacon à moitié vide. Je ne suis pas ivre, madame ; ma raison est froide, comme il convient à un juge ; gardez votre pitié pour vous-même ; moi, je vais mourir content.

MARTHE. Mourir !

RENÉ, ouvrant le portefeuille et montrant la lettre. Vous connaissez cette écriture ?

MARTHE. L'écriture de Louis !...

RENÉ. De Louis ! oh ! ce nom est harmonieux dans votre bouche !

MARTHE. S'il avait été près de nous, ma fille ne serait pas morte !

RENÉ. Il l'aurait défendue, n'est-ce pas ?... votre fille... votre fille qui n'est pas la mienne, madame !

MARTHE. Oh !...

RENÉ. L'heure est venue !... oh ! la justice est lente, parfois !... Comme il l'aimait, n'est-ce pas, cette enfant !... Et moi, moi, qui l'aimais aussi ! moi, qui la regardais parfois avec les yeux d'un père !

MARTHE. René, à cette heure où ma pauvre enfant est un ange dans le ciel, je vous jure...

RENÉ. Ne jurez pas, madame !

MARTHE. René, mon salut éternel !...

RENÉ. Silence ! nos aïeux nous écoutent. Il y a bien longtemps, Marthe, que cette lettre est sur ma poitrine, qu'elle brûle... cette lettre qui est votre condamnation. Je la reçus quelques mois après notre mariage... Je ne vous l'ai jamais montrée, madame... mais nous avons encore le temps, et je vais vous la lire... Écoutez, madame... écoutez, ce fut le coup de poignard qui commença mon long supplice... Écoutez !... comme on vous aimait ! (Lisant.) « Mon frère... » car c'est mon frère, cet homme... j'ai eu cette destinée d'être assassiné par mon frère que j'aimais et par ma femme que j'adorais. Mais ne nous plaignons pas (buvant) et lisons... (il lit.) « Mon frère, maintenant que je suis seul, loin de vous... loin de la Bretagne aimée, je souffre trop, il faut que ma pauvre âme s'épanche... je veux vous dire mon secret, à vous, mon meilleur ami... à vous, mon frère... Je souffre! oh! je souffre!... Bien souvent ma pensée franchit la distance qui nous sépare... Je reviens au manoir... je vous revois tous... Les cheveux blancs de notre vénéré père, ma mère accourant de loin à ma voix, et Marthe, dont les grands yeux noirs hésitent entre les pleurs et le sourire!... »

MARTHE. Pauvre Louis!

RENÉ. Prenez le papier, madame... et baisez l'écriture chérie!...

MARTHE. René, quand vous m'aurez condamnée, comme vous le dites, et que je serai là, morte à vos pieds, si vous ne regrettez pas le meurtre, vous regretterez vos outrages.

RENÉ. Qui vous a parlé de mort? Oh! la conscience du coupable devance celle du juge!... Mais écoutez encore... Où en suis-je?... A vos grands yeux noirs qui hésitent entre les pleurs et le sourire... Je continue : « Je n'ai pas vingt-deux ans... ma vie sera longue, peut-être!... Frère, je te le dis les larmes aux yeux, je n'avais pas mesuré mes forces quand j'ai accompli ce sacrifice. » (S'interrompant.) Ah! vous pleurez, madame! vous disiez que vous n'aviez plus de larmes. Écoutez, écoutez encore... « Je l'aimais, René, je l'aimais! je l'aime encore... je l'aimerai toujours. » (S'interrompant avec violence.) Pardieu! pleurez tout bas, au moins, madame! Vous n'en avez pas tant fait pour votre fille!

MARTHE. Ah! que Dieu vous pardonne, René!

RENÉ. Cette lettre... (il la froisse avec fureur.) Mais pourquoi la lire, je la sais par cœur. Dans cette lettre, il me disait : « Je ne reviendrai pas, je ne reviendrai jamais, car j'ai peur de moi-même. » Et vous savez bien, vous, que c'était un mensonge, un mensonge infâme! Il est revenu pour trahir son frère... Le misérable et le lâche, qui a souillé honteusement son propre nom!

MARTHE. Mon Dieu! que mon agonie ne soit pas vengée!

RENÉ. Vengée par qui?... Vengée par lui! Oh! qu'il vienne, qu'il vienne! Tiens, s'il venait, j'oublierais tout, misère et honte... et je serais heureux, car je ferais justice!

MARTHE. Blanche, mon pauvre ange aux pieds de la Vierge où tu es, oh! prie, enfant, prie pour ton père!

RENÉ. Pour lui, n'est-ce pas?... son père.

MARTHE. Pour vous, René, pour vous, dont le délire blasphème! pour vous, qui jetez la honte sur la tombe de la pauvre enfant morte!... Je n'ai pas ce qu'il faut de force pour plaider ma cause, car mon cœur est navré... et les larmes brisent ma voix... J'essaie de vous écouter... mais ma pensée est ailleurs. Allez... ma fille... ma fille... vos coups tombent sur un corps inerte... Oh! vous me menacez, fou que vous êtes... et de quoi... de la mort! Mon Dieu! la mort si ardemment désirée! la mort qui me rendra mon enfant! la mort... mon espoir et mon refuge, René! il me faut tout mon dévouement pour vous, il me faut toute ma tendresse d'épouse, toute ma foi de chrétienne pour ne pas dire : Frappez... oh! frappez, je vous en conjure... frappez... je vous rendrai grâces au fond du cœur!... frappez... vous ne serez heureux!

RENÉ. C'est donc que vous le croyez mort?

MARTHE. J'ai parlé suivant ma conscience... mais je m'appelle Marthe de Penhoël, et vos insultes vont remuer au fond de mon âme ce qui reste de ma fierté passée... René, je ne vous répondrai plus.

RENÉ. Vous avez raison, ne répondez plus... ne mentez plus!... aussi bien la cause est jugée! Ah! je suis tombé bien bas! le fils de Penhoël est plus pauvre qu'un mendiant, et la pitié seule de ses ennemis le sépare de la honte suprême!... (Se levant.) Sauvez-vous, Penhoël?... (Montrant un portrait.) Le fils de cet homme qui commandait une escadre du roi, René de Penhoël, a fait ce qu'il faut pour aller aux galères...

MARTHE. Oh!...

RENÉ. Oui... oui... Penhoël a fait cela. Et qui oserait dire que Dieu ne lui avait pas donné l'âme fière des Bretons, ses aïeux?... Mais il avait auprès de lui... deux démons... son frère et sa femme! Et quand Penhoël se penchait sur le berceau de son enfant, il était pris d'une si mortelle angoisse qu'il lui fallait l'oubli... à tout prix l'oubli... Alors, le malheureux essayait de noyer sa mémoire dans l'ivresse... il buvait... il buvait!... Et comme l'eau-de-vie, trop faible, ne brûlait pas son cœur assez vite, il cherchait un poison plus violent... le jeu! Il jouait son château, ses fermes, ses forêts!... Oh! les belles parties! mordieu! voilà un remède : le jeu! (Il saisit sa bouteille qui est vide.) Les flacons se vident; mais on peut toujours jouer sur parole! On joue tout, et quand on n'a plus d'or! eh bien, on joue son honneur! Je l'ai joué,

moi!... j'ai perdu!!!... Ah! ah! (avec folie) vous riez, démons, démons qui avez brisé ma vie... toi, Marthe!... lui, lui... démons, démons... je vous vois rire... Eh bien, riez sur le maudit... riez donc... riez encore!...

MARTHE. Penhoël!...

RENÉ. Je suis calme!... j'ai toute ma raison... je n'ai pas voulu boire aujourd'hui pour rester froid comme un juge. Je n'ai pas bu... vous le savez bien, parce qu'il faut que la dernière heure d'une race soit solennelle et digne!... Marthe! vous allez mourir!... faites votre prière... à genoux!... (Marthe obéit. Il se dirige vers la trophée d'armes, et y prend une épée.) L'épée de mon père!... Moi aussi, je vais faire ma dernière prière!... je n'en trouve pas... (A ce moment, la porte s'ouvre doucement, Jean paraît : René se signe, et marche vers Marthe.) Elle d'abord, moi ensuite. (Jean a aussi décroché une épée, et, quand René arrive à Marthe, il trouve devant elle l'oncle Jean debout et en garde.)

SCÈNE VI.

LES MÊMES, JEAN.

MARTHE, l'apercevant. Ah!

RENÉ. Vous, notre oncle!... Va-t'en, vieillard! tu sais bien que cette femme est coupable!

JEAN. Je sais que cette femme est une sainte... et je ne m'en irai pas!

RENÉ. Va-t'en! ou malheur à toi!

JEAN. Non.

RENÉ. Je suis le maître! je suis le maître, ne fût-ce que pour une heure encore... et je fais justice!

JEAN. Moi, je suis un pauvre homme... et j'empêche un crime!

JEAN. C'est toi qui l'auras voulu!... (Il le frappe; Jean pare le coup, et lui fait tomber son épée.)

MARTHE. Oh! pitié pour lui!

RENÉ. Mon épée! mon épée! (Il veut ramasser son épée et tombe. Marthe s'élance vers lui. Jean reste appuyé sur son épée. René se rève lentement, passe sa main sur son visage. Après l'avoir relevé, Marthe s'est éloignée de lui. — Avec faiblesse et égarement.) Qu'y a-t-il?... comme vous voilà triste, Marthe!... Jean... une épée dans votre main!... (Saisissant sa tête à deux mains.) Ah! est-ce un rêve que j'ai fait?... je me souviens... (Courant à Marthe.) J'ai voulu te tuer, n'est-ce pas?... (Marthe hésite.) N'est-ce pas?...

MARTHE. Un instant de délire... vous êtes si malheureux, Penhoël!

RENÉ. J'ai voulu te tuer... Mon Dieu! mon Dieu! l'ange qui veillait sur moi!... l'ange qui s'est mis tant de fois entre moi et l'abîme!... Marthe, vous ne me pardonnerez jamais!

MARTHE. Je vous ai déjà pardonné, Penhoël!

RENÉ. Non, vos lèvres le disent...

JEAN. René! ne connais-tu pas son cœur?...

RENÉ. Malheureux! disait-elle!... Oh! malheureux!... (Il pleure convulsivement.) Écoute, Jean, mon ami, mon père!... je l'aime comme jamais femme ne fut aimée... mais je suis fou, je le sais bien!... fou et maudit!... écoute! Prononcer de telles paroles, vois-tu, c'est mourir!... mourir dix fois!... mais il le faut!... Sais-je, moi?... ma tête!... ma tête s'égare à chaque instant!... je ne veux pas... moi! je ne veux pas qu'elle en souffre.

MARTHE. Ne parle pas ainsi, René!

RENÉ. Tu es bonne... tu es une sainte!... Oh! si j'avais pu croire que tu m'aimais!... (Avec passion.) Marthe! Marthe, ma femme! mon pauvre amour!... laisse-moi baiser tes deux mains à genoux! (Se relevant.) Et maintenant, emmenez-la, Jean de Penhoël!

JEAN. L'emmener?

RENÉ. Il y a un asile pour elle dans la maison de Géraud... Allez! allez!

MARTHE. Le laisser seul!

JEAN. Et toi, René?

RENÉ. Moi!... oh! je ne mérite que l'abandon! moi, qui ne sais tuer que les femmes!... Marthe, vivant ou mort, je te dis adieu pour jamais!... car je suis ton malheur, et je veux que tu puisses être heureuse!... Adieu! adieu! (Il sort en pleurant. Marthe tombe sur l'épaule de Jean.)

HUITIÈME TABLEAU

L'AUBERGE DE GÉRAUD

Chambre à coucher. Lit à alcôve au fond; fenêtre sur le côté; portes latérales à droite et à gauche.

SCÈNE PREMIÈRE.

GÉRAUD, YVONNIC, puis LES DOMESTIQUES.

GÉRAUD. Ici, Scolastique... ici Toinette... montez plus vite que ça... préparez la chambre d'honneur... Pontalès la payerait un louis par jour, cette chambre, que je ne la lui donnerais pas.

YVONNIC. Mon Dieu! le brave homme que vous faites, papa Géraud.

GÉRAUD. Ne dirait-on pas?... à ma place, toi Yvonnic, est-ce que tu ferais autrement?

YVONNIC. Moi! tiens! c'est que je suis un bon enfant aussi! ah! mais.

GÉRAUD. C'est juste, et modeste surtout! Mais qui nous vient là?

PHARAON, en dehors. Eh bien, l'aubergiste... sommes-nous sourds?

YVONNIC. Ah! c'est ce chevalier de malheur!

GÉRAUD. Le Pharaon!... Du diable s'il y a place pour lui dans l'auberge!

YVONNIC. A la bonne heure.

PHARAON, entrant. Bonsoir, papa Géraud.

SCÈNE II.

LES MÊMES, PHARAON.

GÉRAUD, sèchement. Bonsoir.

PHARAON. Une chambre... une bonne volaille bien rôtie... et un flacon de votre meilleur vin.

GÉRAUD. Mes chambres sont prises... mes volailles se sont envolées, et je n'ai plus que du mauvais vin.

YVONNIC, à part. Attrape!

PHARAON. Ça m'a tout l'air d'un refus, cela.

GÉRAUD. Vous vous y connaissez, monsieur le chevalier.

PHARAON. Vous ne voulez pas que je loge chez vous?

GÉRAUD. N'avez-vous pas votre couvert et votre lit au manoir, maintenant surtout que M. de Pontalès en est le maître?

PHARAON. Erreur, mon bon Géraud, je suis brouillé avec ce pleutre de Pontalès et je quitte le pays.

YVONNIC. Tant mieux.

PHARAON. Tu dis...

YVONNIC. Eh bien... je dis : tant mieux!

PHARAON. J'admire l'impertinence de ce drôle... c'est qu'ils semblent se donner le mot pour m'être désagréables... jusqu'à ce coquin de Blaise qui m'a planté là!... Enfin!... Ainsi donc, père Géraud, je m'installe chez vous, cette chambre me plaît... j'aperçois de l'autre côté un fort bon lit... et je reste... (Il s'assied.)

GÉRAUD. Monsieur!

YVONNIC. J'ai envie de lui donner un coup de tête dans le creux de l'estomac. (Il baisse la tête comme un bélier.)

GÉRAUD. Monsieur, prenez garde!... cette chambre est destinée à madame Marthe, et vous ne la chasserez pas d'ici comme vous l'avez chassée du château.

PHARAON. Madame Marthe va venir?

GÉRAUD. Grâce à vous, elle n'a plus d'autre asile que ma pauvre maison.

PHARAON. Oh! oh! ceci change bien la question. Madame Marthe ici!... à Dieu ne plaise que je la dérange, la chère dame... je lui cède la place, maître Géraud; présentez-lui mes excuses, mes regrets, et mes adieux. (Il fait un mouvement pour sortir.)

GÉRAUD. Je ne sais si vous êtes sincère, mais voilà un mot qui me désarme. Restez dans ma maison, si cela vous fait plaisir... je vais vous faire préparer votre volaille, votre flacon de vin et une autre chambre.

PHARAON. A la bonne heure, maître Géraud, vous voilà revenu à de bons sentiments. (Il sort en examinant la chambre avec une attention marquée. — A part.) Ah! madame Marthe va venir coucher ici...

GÉRAUD, à Pharaon. Venez, monsieur, suivez-moi.

PHARAON. Me voilà, me voilà!

SCÈNE III.

YVONNIC, seul un moment, puis MARTHE, JEAN et GÉRAUD.

YVONNIC. Qu'est-ce qu'il regardait donc ce brigand de chevalier?... Malgré ces beaux discours, il ne me revient pas du tout à moi... (Regardant par la fenêtre.) Mais, je ne me trompe pas, voici madame Marthe avec l'oncle Jean : comme elle est changée! Et dire que c'est le chevalier de Pharaon!... Saint-Jésus! pourquoi est-ce péché de casser la tête à quelqu'un? Ah! je les entends... Entrez, ma bonne dame!... bonsoir, monsieur Jean, entrez... je vais prévenir le père Géraud. — Papa Géraud!...

GÉRAUD, entrant. Me voilà! me voilà!

YVONNIC. Maintenant que je ne suis plus bon à rien ici, je m'en vas... Allons, adieu! bonne nuit, pauvre dame! (Il sort.)

JEAN, fait asseoir Marthe. S'adressant à Géraud. Depuis le manoir jusqu'ici, elle n'a pas prononcé une parole.

GÉRAUD. Et, rien à dire pour la consoler?

JEAN. Rien.

GÉRAUD. Madame, vous ne serez pas si bien qu'à Penhoël dans l'auberge de votre pauvre Géraud; mais, au moins, vous aurez près de vous un serviteur dévoué qui voudrait donner sa vie pour vous. Vous n'avez besoin de rien, madame.

JEAN. Du repos, si cela était possible. La chambre est-elle préparée? (Les servantes reparaissent et indiquent que tout est prêt. — A Marthe.) Voulez-vous vous retirer dans votre chambre, ma pauvre enfant?

MARTHE. Oui, je voudrais être seule.

JEAN, la conduisant. Seule avec Dieu, n'est-ce pas? (Marthe fait un signe affirmatif. Jean la conduit et lui baise la main.)

SCÈNE IV.

JEAN, GÉRAUD.

JEAN. C'est fini! jamais elle n'en reviendra...

GÉRAUD. Hélas!

JEAN. Dis-moi, mon bon Géraud? René, l'as-tu vu? Il était sorti du manoir à la nuit tombante, tout seul, la tête penchée sur sa poitrine; où est-il? le sais-tu?

GÉRAUD. Ce qu'il est devenu? oh! tiens, il n'y a qu'un instant, on l'a vu se diriger du côté du manoir.

JEAN. Ah! mon Dieu! le malheureux!... Je te confie ma pauvre Marthe; veille bien sur elle, mon bon Géraud, je vais chercher René.

SCÈNE V.

GÉRAUD, seul. Il va écouter à la draperie de la chambre de Marthe. Si je veillerai sur elle!... je le crois bien!... (Écoutant.) Pas un mouvement! pas un bruit! Elle repose sans doute... la fatigue l'aura vaincu. Mon Dieu! veillez sur elle comme un rêve! (Bruit.) Allons, voilà qu'ils font du bruit en bas!... mais taisez-vous donc!... vous verrez qu'ils ne se tairont pas!... je vais mettre ordre à cela. (Il sort vivement. A peine est-il sorti que la porte se rouvre doucement : Pharaon paraît.)

SCÈNE VI.

PHARAON, seul. (Il entre à tâtons et s'oriente. Bruit.) M'y voilà. L'oncle est sorti; l'aubergiste est occupé à apaiser une querelle. Le moment est propice. Voyons, rappelons-nous les localités. (Il parle tout en marchant.) Je ne sais pas où le papa Géraud prend du bordeaux, mais, en vérité, il a un fumet, un montant... Oh! voici la draperie... C'est de l'autre côté que la belle Marthe repose... Ah! mon cœur commence à battre... Allons, mon cœur, taisez-vous et laissez-moi parler : « Madame. » Elle ne m'entend pas. « Madame. » Rien. Allons toujours. « Madame, un homme qui vous aime, qui vous adore, qui voudrait se faire pardonner ses torts, un homme, enfin, qui... (Tandis qu'il parle, Blaise est entré et a prêté l'oreille.) Elle ne répond pas. Eh bien, brusquons l'aventure.

BLAISE, le saisissant avec force et le faisant sauter à trois pas. On n'entre pas!...

SCÈNE VII.

PHARAON, BLAISE.

PHARAON. Qu'est-ce qui se permet, qu'est-ce qui a l'audace? (Blaise est allé ouvrir la fenêtre. Un rayon de lune éclaire la pièce.)

BLAISE. Moi!
PHARAON. Mordieu! mon laquais!
BLAISE. Non pas votre laquais, mais votre maître... car vous êtes à ma merci, monsieur le chevalier de Grandpré.
PHARAON. Mon nom... ce changement de langage... Qui êtes-vous?
BLAISE. Que vous importe?
PHARAON, avec colère. Ah! cependant, à la fin!...
BLAISE. Pas de bruit... j'entends des pas dans l'escalier... Si l'on vous trouve ici et que je vous dénonce, vous êtes perdu.
PHARAON. Soit, je me retire, mais nous nous reverrons. (Il se dirige vers une porte, puis vers l'autre.)
BLAISE. Pas par-là... ni par-là...
PHARAON. Ah çà! entendons-nous; vous voulez que je m'en aille et vous m'empêchez d'ouvrir les portes.
BLAISE. Il n'y a pas que des portes, ici...
PHARAON. Mais, je ne vois pas...
BLAISE. Vous y mettez de la mauvaise volonté... Regardez bien.
PHARAON. A moins que cette fenêtre...
BLAISE. Je l'ai ouverte à votre intention.
PHARAON. A mon intention?... Quoi! vous voulez que...
BLAISE. Vous êtes fluet, vous sauterez.
PHARAON. Que je saute par la fenêtre! moi, le chevalier...
BLAISE. De Grandpré. A moins, cependant, que vous ne préfériez ceci : être saisi par les gens de cette auberge et être conduit par eux en prison, où votre procès, un procès infamant, s'instruira. Ou bien, ce qui, je l'avoue, conviendrait mieux à ma haine, recevoir à bout portant un coup de pistolet. (Il arme un pistolet.)
PHARAON. Arrêtez, un moment, comme vous y allez, peste! je préfère la fenêtre; après tout, ce n'est pas la première fois qu'on y a eu amour... Deux mots seulement : Ainsi, vous n'étiez pas ce que vous paraissiez?
BLAISE. Non.
PHARAON. Ainsi, vous aviez pris un déguisement?
BLAISE. Oui.
PHARAON. Et, sans m'en douter, je vous ai servi de compère?
BLAISE. Oui.
PHARAON. Qui sait : nous chassions peut-être le même gibier.
BLAISE. Misérable!
PHARAON. J'ai deviné. Adieu, monsieur l'inconnu; je vous laisse en bonne fortune; bonne chance! Une, deux, trois... (Il saute par la fenêtre.)

SCÈNE VIII.

LOUIS, RENÉ, GÉRAUD, JEAN, puis MARTHE, un moment.

(Blaise referme la porte. Pendant ce temps, la porte s'ouvre. René, suivi de Géraud et de Jean, s'élance dans la chambre. Géraud a une lumière à la main.)

JEAN, à Géraud. Vous dites qu'un homme s'est introduit dans cette chambre?
GÉRAUD. Oui. Tenez... là, là!
RENÉ, reconnaissant Blaise. Ciel!... Louis!...
JEAN. Louis!
GÉRAUD. M. Louis!
MARTHE, entr'ouvrant la draperie. Louis!... Ah!...
RENÉ, amèrement. Mon frère! (Regardant Marthe.) Et elle était là!... (A Géraud.) Sortez!
GÉRAUD, suppliant. Monsieur... (Jean va à Louis.)
RENÉ. Sortez, vous dis-je!
GÉRAUD. Mon Dieu! que va-t-il se passer? (Il sort.)
RENÉ, à Marthe. Laissez-nous aussi, madame!
MARTHE. Oh! je n'ai plus qu'à mourir! (Elle disparaît sous la draperie.)
RENÉ, à Jean, qui veut courir à Marthe. Restez, mon oncle. Notre famille ne doit pas s'éteindre comme le feu d'une pauvre métayère, qui couve sous la cendre, se consume et meurt... Notre famille doit finir comme le grand incendie, en jetant cette grande et terrible lueur qui épouvante la contrée.
JEAN. Au nom du ciel! au nom de ton père! René!...
RENÉ. Mon père était un chevalier; s'il vivait, il m'approuverait. Toi, si tu as peur de ce qui va se passer, va-t'en!
JEAN. René! René! au nom de cette pauvre femme qui pleure, qui souffre!
RENÉ. Qu'elle entende!... ce sera sa punition en ce monde?
JEAN, à Louis. Dieu a frappé l'esprit de ton frère; aie pitié de lui.
LOUIS, allant à René et lui tendant la main. Frère, voici ma main.
RENÉ. Je la repousse, Louis, parce que je vous hais, et que je vous méprise.
LOUIS. Moi, René, je vous aime et j'ai compassion de vous.
RENÉ. Il m'aime!... Ah! si je n'avais encore assez de sang-froid pour comprendre que deux frères ne peuvent mettre l'épée à la main l'un contre l'autre, je vous tuerais!
LOUIS. Moi je le défendrais au péril de ma vie.
RENÉ. Toujours le même : de belles paroles dans la bouche, et rien dans le cœur!
LOUIS. Hélas! je n'ai pourtant pas changé!
RENÉ. Oh! tu avoues donc?
LOUIS. J'avoue que j'ai bien souffert... j'avoue qu'il m'a fallu de longues journées de solitude, de longues nuits de désespoir avant de parvenir à étouffer dans mon cœur l'amour que j'ai sacrifié jadis à ton bonheur! j'avoue...
RENÉ. N'achève pas... Ah! tenez... voilà le sang qui me frappe les tempes!... voilà ma tête qui brûle à tous ces souvenirs! Louis de Penhoël, vous êtes l'aîné de ma famille... vous aimiez la femme que j'aimais... vous m'avez laissé cette femme... vous avez sacrifié votre amour au bonheur de votre frère, du moins vous l'affirmez... Eh bien, voilà où vous avez menti!
JEAN. René!
RENÉ. Oui, il a menti! Sa générosité n'était que de l'orgueil; son sacrifice, rien qu'une trahison; car vous êtes revenu dans le pays, vous y êtes revenu à plusieurs reprises, secrètement, déguisé comme vous l'êtes encore en ce moment. Et pourquoi y êtes-vous revenu? Pour tromper votre frère... pour revoir cette femme que vous m'aviez donnée... cette femme que j'adorais... cette femme que, malgré moi, j'aime encore... cette femme, dont la douleur est si profonde, que Dieu vous en demandera compte un jour!... Ah!... Tenez, à présent, mes larmes, à moi, étouffent ma colère... Mon oncle, regardez comme je suis faible et lâche! voilà que je pleure à chaudes larmes...
LOUIS. René, je n'ai jamais eu qu'un but : te sauver, toi et les tiens. A Paris, dans une de ces maisons de jeu où me poussait le découragement qui, moi aussi, me prenait parfois, j'ai vu Pharaon et Pontalès... Un jour, le hasard me fit surprendre un de leurs entretiens; j'entendis qu'ils concertaient ta ruine. Alors, je ne les perdis plus de vue, et, sous ce costume, qui ne pouvait inspirer de soupçons à personne, je m'attachai à Pharaon. Dieu te devait une salutaire leçon. A tes ennemis il devait un châtiment. De la leçon et du châtiment, je me suis fait l'instrument... moi... Oui, René, j'étais venu pour te venger de Pontalès et de Pharaon. Mais j'étais venu aussi pour te demander compte du bonheur de Marthe... j'étais venu pour t'accuser comme Dieu accusa Caïn... Je n'ai plus ce courage... je suis désarmé...
RENÉ. Ah! dérision! dérision!... Il venait pour m'accuser!... L'assassin accusant la victime!... Cette hypocrisie me rend toute ma haine.
JEAN. René, par pitié, songe que cette violence retombe sur la pauvre femme qui est là, et que tu viens de plaindre toi-même!
RENÉ. La plaindre! faiblesse?... J'ai eu tort de la plaindre... Songez donc, vieil oncle, que ma maison était la leur! Et qu'est-ce qu'ils ont fait de cette maison?... à cette heure où elle n'est plus... à cette heure où l'enfant qui portait mon nom, et qui, peut-être, est le sien... (Il montre Louis. — Marthe entr'ouvre le rideau et pousse un cri.) A cette heure, dis-je, où l'enfant est morte! Eh bien, il n'y a plus ni aîné ni cadet. Nous sommes deux hommes égaux... entre nous le hasard ou le crime a brisé ce frêle lien du sang... Il doit me craindre, lui... Moi, j'ai soif de vengeance... Allons, frère déloyal, l'épée à la main! battons-nous! (René tire son épée. Il est au comble de la colère.
— Marthe tombe sur le seuil de la porte du fond. — René reste immobile.— Jean court à Marthe. — Louis s'appuie sur une table.)

SCÈNE IX.

LES MÊMES, MARTHE.

JEAN. Malheureux!... vous la tuez!... Morte!...
LOUIS, RENÉ. Morte!... morte!...
LOUIS, avec exaltation. Morte!... morte!... Oh!... mais si elle est morte... malheur à toi, René!... Je la vengerai, et nous serons maudits tous les deux! (Louis s'avance avec colère sur René.)
RENÉ, agenouillé près de Marthe, et, d'une voix abattue et attendrie, à son frère : Mais tu vois bien qu'elle va mourir!... Aide-moi, frère! aide-moi donc!... (Louis, vaincu à son tour par la douleur, soutient Marthe.)
JEAN, à Marthe. Mourir! mon enfant!... Non, tu ne mourras pas!... Est-ce qu'on meurt à ton âge?

MARTHE. Je ne peux plus vivre entre vous deux... La mort est là... J'ai pris du poison!...
JEAN. Du poison!
MARTHE. A cette heure, on ne ment pas... Me croirez-vous, René. (Jean, un peu dans le fond.)
RENÉ. Marthe! oh! Marthe!... j'ai horreur de moi! Mon Dieu! c'est moi qui la tue!... Parle! je te crois comme si ta voix descendait du ciel!
MARTHE. Je suis innocente... Louis a toujours été pour moi le plus respectueux des frères.
RENÉ. Louis!... pardon! pardon!
MARTHE. Jean derrière Marthe. Donnez-vous la main. (Ils se donnent la main, puis tombent dans les bras l'un de l'autre.)
RENÉ, à Louis. Mon frère! mon frère!...
MARTHE. Maintenant, je puis mourir! René... Louis... mon oncle... Ah! je vais revoir mes enfants, les pauvres Belles de nuit!... (René et Louis tombent à genoux. — Ici un rideau de manœuvre représentant une scène des Belles de nuit.)

NEUVIÈME TABLEAU

ÉPILOGUE

Un perron du manoir de Penhoël donnant sur le parc; riche perspective; à gauche, un tombeau en marbre blanc.

SCÈNE PREMIÈRE.

GÉRAUD, JEAN, YVONNIC.

JEAN. Mes amis, c'est aujourd'hui l'anniversaire de la fête de la pauvre enfant que nous avons perdue il y a trois mois. Je vous remercie de votre pieux souvenir pour elle et pour ma bonne et chère Diane. Merci, mes amis.
GÉRAUD. Et M. Louis, je ne le vois pas.
JEAN. Il est toujours un peu sauvage; depuis qu'il a racheté le manoir, il y vient rarement.
YVONNIC. Et madame Marthe, comment va-t-elle?
JEAN. De mieux en mieux, mes enfants. Dieu nous a pris en pitié et nous a permis de l'arracher à la mort. Elle fera aujourd'hui sa première sortie... Elle doit venir ici. (Il montre le tombeau.)
GÉRAUD. Oh! ça, je l'aurais parié... mais c'est bien naturel... Cependant, ne craignez-vous pas que ses forces...
JEAN. Et comment l'empêcher de venir? Puis, vous le dirai-je?... j'augure bien de cette visite... Oui, j'ai le pressentiment... Mais voici Marthe... respectez sa douleur, mes enfants.
TOUS. Oui, oui. (Ils saluent Marthe qui entre, soutenue par René, et se retirent.)
JEAN, à Yvonnic. Conduis-les au château, René m'en voudrait de ne pas avoir offert l'hospitalité à tous ces braves gens.

SCÈNE II.

JEAN, MARTHE, RENÉ.

MARTHE, s'agenouillant. Pauvres, pauvres enfants! mourir si jeunes, si belles, si aimées! et moi, Dieu m'a conservé la vie! Je l'en bénis maintenant, car si j'étais morte par un crime, je n'aurais pas été digne de vous revoir! Sainte Vierge, douce Marie, vous qui êtes mère aussi, appelez-moi bientôt vers vous, afin que je les retrouve l'une et l'autre à vos pieds, belles entre tous vos anges!
RENÉ. Marthe, songez que vous êtes bien faible encore.
MARTHE. Oh! laissez-moi, René... ces larmes sont douces, elles me soulagent.
JEAN. Tenez, Marthe, ne restez pas ici plus longtemps. Dieu exaucera votre prière et prendra pitié de vos douleurs. (Marthe dépose une couronne sur le monument.) Venez; mais, avant de vous éloigner, ne voulez-vous pas tous les deux accorder à la pauvre Blanche le pardon qu'elle attend sous cette pierre?
MARTHE. Un pardon?
JEAN. Ce jour est solennel, vous devez tout apprendre.
RENÉ. A Blanche.
JEAN. Ce jour est solennel, vous devez tout apprendre.
RENÉ. Mais pourquoi ce pardon?
JEAN. Parce que Blanche, si elle eût vécu, elle eût été indigne de reparaître devant vous.
MARTHE. Quoi! vous saviez?...
RENÉ. Que voulez-vous dire?
JEAN. Je veux dire qu'on avait abusé de sa faiblesse et de son ignorance.
MARTHE. Oui... Pharaon!
JEAN. Non pas Pharaon, mais Roger, le fils de Pontalès.
RENÉ. Oh! malheur!
JEAN. Et comme le séducteur, arrêté par l'impitoyable volonté de son père, ne pouvait rendre l'honneur à Blanche, la pauvre enfant, éperdue, folle de douleur et de désespoir, s'est jetée dans le lac.
MARTHE. Diane n'était donc pas là? Diane ne pouvait donc pas la sauver?
JEAN. Diane l'a suivie dans les eaux qui leur servent de linceul : c'est tout ce qu'elle pouvait faire.
MARTHE. Pauvre âme dévouée! je l'accusais!
RENÉ. Oh! ce sont bien des enfants de notre race! Pour elles, comme pour nous, l'honneur avant la vie!... Je les vengerai!
JEAN. René, ne parle plus de vengeance, mais de pardon.
RENÉ. Pauvre Blanche! que n'existe-t-elle encore pour recevoir ce pardon de ma bouche et de mon cœur!
JEAN. Ainsi donc, si Blanche existait, vous lui pardonneriez sa faute?...
RENÉ. Je la pleurerais avec elle!
MARTHE, à René. Oh! merci!
JEAN. Eh bien, si, au moment où les eaux du fleuve s'ouvraient pour engloutir les deux jeunes filles, un ami, un sauveur, un ange, s'était précipité dans le gouffre pour lui arracher ses victimes. Si, les ramenant au bord vivantes encore, il les avait conduites dans un asile sûr; et là, s'il les avait dérobées à tous les regards pour l'une d'elles, sur le point d'être mère, ne consentait à vivre qu'à la condition de cacher son existence et sa honte à tous les yeux, même aux vôtres, Marthe... eh bien, si leur pauvre oncle Jean avait été seul dans la confidence... et que...
MARTHE. Mais elles vivent donc!...
RENÉ. Mais ce tombeau!...
JEAN. Est un sépulcre vide... car Blanche, votre fille, la pauvre Belle de nuit n'attend qu'un mot, un signe, pour tomber dans vos bras. (Blanche et Diane paraissent au fond.)
RENÉ, les apercevant. Blanche!... Diane!...
MARTHE. Ma fille!... ma fille!... ah!... Et toi, Diane!... Diane!...
DIANE. Roger de Pontalès a perdu son père; il demande la main de ma cousine Blanche.
MARTHE. Mais qui donc vous a sauvées?
DIANE, montrant Louis qui entre. Lui!
MARTHE. Toujours lui!
LOUIS. Eh bien, suis-je encore le mauvais ange de la famille?...

FIN

LAGNY. — Imprimerie de A. VARIGAULT.

www.ingramcontent.com/pod-product-compliance
Lightning Source LLC
Chambersburg PA
CBHW071429060426
42450CB00009BA/2094